KÖNIGS ERLÄUTERUNGEN
Band 432

Textanalyse und Interpretation zu

Franz Kafka

DIE VERWANDLUNG

Volker Krischel

Alle erforderlichen Infos für Abitur, Matura, Klausur und Referat
plus Musteraufgaben mit Lösungsansätzen

Zitierte Ausgaben:
Kafka, Franz: *Die Verwandlung. Erzählung.* Husum/Nordsee: Hamburger Lesehefte Verlag, 2010 (Hamburger Leseheft Nr. 187, Heftbearbeitung: Gerd Eversberg, Textverweise sind mit **HL** gekennzeichnet).
Kafka, Franz: *Die Verwandlung.* Nachwort von Egon Schwarz. Stuttgart: Reclam, 2001 (Universal-Bibliothek Nr. 9900, Textverweise sind mit **R** gekennzeichnet).

Über den Autor dieser Erläuterung:
Volker Krischel, geb. 1954, arbeitete nach dem Studium der Germanistik, Geschichte, katholischen Theologie, Erziehungswissenschaften, klassischen Archäologie, Kunstgeschichte und Geografie mehrere Jahre als wissenschaftlicher Mitarbeiter – besonders im Bereich der Museumspädagogik – am Württembergischen Landesmuseum Stuttgart. Heute ist er als Oberstudienrat in Gerolstein, Eifel, tätig.

Er hat mehrere Arbeiten zu Autoren der neueren deutschen Literatur sowie zur Museums- und Unterrichtsdidaktik veröffentlicht.

Das Werk und seine Teile sind urheberrechtlich geschützt. Jede Verwertung in anderen als den gesetzlich zugelassenen Fällen bedarf der vorherigen schriftlichen Einwilligung des Verlages. Hinweis zu § 52 a UrhG: Weder das Werk noch seine Teile dürfen ohne eine solche Einwilligung eingescannt oder gespeichert und in ein Netzwerk eingestellt werden. Dies gilt auch für Intranets von Schulen und sonstigen Bildungseinrichtungen.

2. Auflage 2012
ISBN 978-3-8044-1941-4

© 2005, 2011 by C. Bange Verlag, 96142 Hollfeld
Alle Rechte vorbehalten!
Titelbild: © Panthermedia
Druck und Weiterverarbeitung: Tiskárna Akcent, Vimperk

INHALT

1 DAS WICHTIGSTE AUF EINEN BLICK – SCHNELLÜBERSICHT   6

2 FRANZ KAFKA: LEBEN UND WERK   10

2.1 **Biografie**   10
2.2 **Zeitgeschichtlicher Hintergrund**   15
  Die „Dreinationenstadt" Prag   15
  Theodor Herzls Idee eines Judenstaates   18
2.3 **Angaben und Erläuterungen zu wesentlichen Werken**   21

3 TEXTANALYSE UND -INTERPRETATION   29

3.1 **Entstehung und Quellen**   29
3.2 **Inhaltsangabe**   33
  Gregor Samsas Verwandlung in einen Käfer
  (Kapitel I, HL S. 5–19/R S. 5–23)   33
  Die Veränderungen in der Familie
  (Kapitel II, HL S. 19–35/R S. 24–44)   36
  Gregors Isolation und Tod
  (Kapitel III, HL S. 35–50/R S. 44–63)   41
3.3 **Aufbau**   44
  Die Grundstruktur der Handlung   44
  Übersicht und Chronologie der Kapitel   45

3.4 **Personenkonstellation und Charakteristiken** 48
   Gregor Samsa 50
   Gregors Schwester Grete 53
   Gregors Vater 57
   Gregors Mutter 60
   Der Prokurist 62
   Die drei Zimmerherren 63
3.5 **Sprachliche und sachliche Erläuterungen** 65
3.6 **Stil und Sprache** 66
   Kontrast zwischen „fantastischem Geschehen"
   und nüchternem Sprachstil 66
   Monoperspektivischer Erzählstil 67
   Szenisches Erzählen 67
3.7 **Interpretationsansätze** 69

4 **REZEPTIONSGESCHICHTE** 80

5 **MATERIALIEN** 84

6 **PRÜFUNGSAUFGABEN MIT MUSTERLÖSUNGEN** 87

LITERATUR 94

STICHWORTVERZEICHNIS 100

1. DAS WICHTIGSTE AUF EINEN BLICK – SCHNELLÜBERSICHT

Damit sich der Leser in diesem Band schnell zurechtfindet und das für ihn Interessante gleich entdeckt, hier eine kurze Übersicht.

Das 2. Kapitel beschreibt Kafkas Leben und stellt den zeitgeschichtlichen Hintergrund vor:

⇨ S. 10 ff.
- → Franz Kafka lebte von 1883 bis 1924, die meiste Zeit in Prag, das damals zum Vielvölkerstaat Österreich gehörte.

⇨ S. 15 ff.
- → Prag ist in dieser Zeit geprägt durch die Konflikte zwischen seinen drei Hauptbevölkerungsgruppen, den Tschechen, den Deutsch-Österreichern und den Juden. Theodor Herzl entwickelt die Idee eines eigenen Judenstaates. Der neue Beruf des Angestellten entsteht.

⇨ S. 21 ff.
- → *Die Verwandlung*, eine von Kafkas Erzählungen, ist 1912 entstanden und wurde 1915 erstmals veröffentlicht. Neben seinem erzählerischen Werk besteht Kafkas Gesamtwerk auch aus Tagebüchern und Briefen.

Das 3. Kapitel bietet eine Textanalyse und -interpretation:

Die Verwandlung – Entstehung und Quellen:

In *Die Verwandlung* versucht Kafka, sich von seinem eigenen persönlichen, beruflichen und familiären Frust freizuschreiben.

Inhalt:

Die Erzählung umfasst 3 Kapitel. ⇨ S. 33 ff.

Eines Morgens erwacht der Handlungsreisende Gregor Samsa und findet sich in ein riesiges Insekt verwandelt. Er muss nun erleben, wie seine Familie, für die er durch seinen ungeliebten Beruf gesorgt hatte, immer mehr gezwungen wird, ihr wahres Gesicht zu zeigen. Nach anfänglicher (scheinbarer) Sorge und „Akzeptanz" wendet sie sich zunehmend von ihm ab und verleugnet immer mehr seine menschliche Existenz. Gregor muss aber auch seine eigene Lebenslüge erkennen. Er stirbt schließlich allein und abgeschoben und wird als „Unrat" entsorgt.

Chronologie und Schauplätze

Die Erzählung spielt innerhalb nur weniger Monate. Schauplatz ist ⇨ S. 44 ff.
die Wohnung der Familie Samsa. Lediglich im letzten Abschnitt unternimmt die Familie nach Gregors Tod einen Ausflug ins Grüne.

Personen:

Die Hauptfiguren: ⇨ S. 48 ff.

Gregor Samsa:
- → ca. 30 Jahre alt, unzufrieden mit seinem Beruf
- → autoritätsgläubig
  unfähig zu kritischer Reflexion
- → gehemmtes Verhältnis zu Frauen
- → verantwortungsbewusst, autoritär

Grete (die Schwester):
- → verwöhntes bürgerliches 17-jähriges Mädchen
- → musikalisch, fürsorglich
- → realistisch

Vater:
→ zunächst: scheinbar schwächlicher älterer Mann
→ aber: autoritär und patriarchalisch

Mutter:
→ setzt sich für Gregor ein
→ aber: schwach und „ohnmächtig"

Die Statisten:
Prokurist:
→ autoritär und intrigant
→ „Damenfreund", Feigling

Die drei Zimmerherren:
→ selbstherrlich, devot

Die Personen werden ausführlich und in ihrer Beziehung zueinander vorgestellt.

Stil und Sprache Kafkas:

⇨ S. 66 ff.

Kafkas Sprache steht im krassen Gegensatz zum geschilderten fantastischen Geschehen. Sie ist:
→ gehobene Alltagssprache
→ präzise, nüchtern
→ sachlich und sprachlich genau

Auch sein Erzählstil ist eigenwillig:
→ monoperspektivisches Erzählen
→ innerer Monolog
→ szenisch

Es gibt eine Vielzahl unterschiedlichster Deutungsversuche.

Vier Interpretationsansätze werden vorgestellt:

Die Verwandlung ist ⇨ S. 69 ff.
→ eine stark autobiografische Erzählung
→ eine Metapher für das Judentum
→ eine sozial- und gesellschaftskritische Schrift
→ eine grotesk-komische Schrift.

2. FRANZ KAFKA: LEBEN UND WERK

2.1 Biografie[1]

Franz Kafka
(1883–1924)
© ullstein bild

JAHR	ORT	EREIGNIS	ALTER
3. Juli 1883	Prag	Franz Kafka wird als 1. Kind des deutsch-jüdischen Kaufmanns Hermann Kafka (1852–1931) und seiner Frau Julie, geb. Löwy, (1856–1934) geboren.	
1889– 1893		Besuch der „Deutschen Knabenschule am Fleischmarkt"; Geburt der Schwestern Gabriele, genannt Elli (1889), Valerie, genannt Valli (1890), Ottilie, genannt Ottla (1892); die jüngeren Brüder Georg (1885) und Heinrich (1887) sterben bereits im Kindesalter.	6–10
1893– 1901		Besuch des humanistischen „K. K. Staatsgymnasiums mit deutscher Unterrichtssprache in Prag-Altstadt", in dieser Zeit entstehen *Frühwerke*, die später von Kafka vernichtet werden.	10–18
1896		Bar-Mizwa	13
1900	Triesch Roztok bei Prag	Ferien bei seinem Lieblingsonkel, dem Landarzt Siegfried Löwy in Triesch, Sommerferien mit den Eltern in Roztok bei Prag.	17
1901	Norderney, Helgoland	Abitur, Ferien mit seinem Onkel Siegfried Löwy auf Norderney und Helgoland; Studienbeginn an der „Deutschen Universität Prag", zunächst Chemie, dann Jura, nebenbei hört er kunstgeschichtliche Vorlesungen.	18

---

1 Vgl. hierzu u. a. Thomas Anz: *Franz Kafka*, S. 137f., Ronald Hayman: *Kafka*, S. 185ff., Volker Krischel: *Erläuterungen zu Franz Kafkas Der Proceß*, S. 7ff., Heinz Politzer: *Franz Kafka*, S. 571f., Klaus Wagenbach: *Kafka*, S. 141ff.

2.1 Biografie

JAHR	ORT	EREIGNIS	ALTER
1902	Prag	Germanistikstudium, ab dem Wintersemester Fortführung des Jurastudiums; erste Begegnung mit Max Brod (1884–1968).	19
1903	Weißer Hirsch bei Dresden	Rechtshistorische Staatsprüfung; Aufenthalt im Naturheilsanatorium in Weißer Hirsch bei Dresden, danach in Südböhmen; Arbeit am verschollenen Roman *Das Kind und die Stadt*.	20
1904	Prag	Beginn der Arbeit an *Beschreibung eines Kampfes*, Erzählungen, Skizzen und Prosagedichte.	21
1905	Zuckmantel	Im Sommer: Sanatorium Schweinburg in Zuckmantel, im Winter: Beginn der regelmäßigen Zusammenkünfte mit den Freunden Oskar Baum, Felix Weltsch und Max Brod.	22
1906	Prag	Volontariat in einer Advokatur, Promotion zum Dr. jur., *Hochzeitsvorbereitungen auf dem Lande*	23
1906–1907	Prag	„Rechtspraxis" zunächst beim Landgericht, dann beim Strafgericht.	23–24
1907	Prag	Ab Oktober: Aushilfskraft in der Assicurazioni Generale in Prag.	24
1908	Prag Tetschen Cernosic	Erste Veröffentlichung: 8 Prosastücke aus dem späteren Band *Betrachtung* in der Zeitschrift Hyperion; Eintritt als „Aushilfsbeamter" in die „Arbeiter-Unfall-Versicherungsanstalt" für das Königreich Böhmen in Prag, erste Dienstreise nach Tetschen und Cernosic; Beginn der engen Freundschaft mit Max Brod.	25

2.1 Biografie

JAHR	ORT	EREIGNIS	ALTER
1909	Riva Tetschen Pilsen	Ferienreise mit Max und Otto Brod nach Riva am Gardasee; zahlreiche Dienstreisen (Tetschen, Pilsen, Maffersdorff); *Aeroplane in Brescia*, Beginn der *Tagebücher*.	26
1910	Prag Paris	Ernennung zum „Anstaltsconcipisten"; Besuch von Wahlversammlungen und sozialistischen Massenveranstaltungen sowie einer jiddischen Schauspieltruppe; Ferienreise mit Max und Otto Brod nach Paris.	27
1911	Friedland Italien Paris Erlenbach bei Zürich	Dienstreisen u.a. nach Friedland, Reichenberg und Grottau; Ferienreise mit Max Brod an die oberitalienischen Seen und nach Paris; Aufenthalt im Naturheilsanatorium Fellenberg in Erlenbach bei Zürich; stiller Teilhaber an einer Asbestfabrik; Leidenschaft für das jiddische Theater, Freundschaft mit dem jiddischen Schauspieler Jizchak Löwy, Beschäftigung mit dem Judentum.	28
1912	Prag Weimar Harz	Erste Fassung des *Verschollenen*; Ferienreise mit Max Brod nach Weimar, Aufenthalt im Naturheilsanatorium „Just's Jungborn" im Harz; Zusammenstellung des ersten Bandes *Betrachtung*; lernt im Hause Brod Felice Bauer kennen, Beginn der Korrespondenz mit ihr; *Das Urteil*, *Die Verwandlung*.	29
1913	Prag Wien	Ernennung zum „Vice-Sekretär"; verschiedene Treffen mit Felice Bauer, Heiratsantrag an Felice Bauer; Begegnung mit Grete Bloch und Beginn der Korrespondenz; Dienstreisen mit seinem Vorgesetzten nach Wien; Heirat Max Brods; *Der Heizer*.	30

2.1 Biografie

JAHR	ORT	EREIGNIS	ALTER
1914	Berlin	Offizielle Verlobung mit Felice Bauer; *Verlockung im Dorf*, Aussprache mit Felice Bauer im Berliner Hotel „Askanischer Hof", Lösung der Verlobung; Beginn der Arbeit am *Proceß*, *In der Strafkolonie*.	31
1915	Ungarn Frankenstein	Erstes Wiedersehen mit Felice Bauer; Reise nach Ungarn; Sanatoriumsaufenthalt in Frankenstein bei Rumburg; Carl Sternheim gibt die mit dem Fontanepreis verbundene Geldsumme an Kafka weiter.	32
1916	Marienbad München	Ferien mit Felice in Marienbad (inoffizielle Verlobung); öffentliche Lesung in München; *Der Gruftwächter*, Fragmente von *Der Jäger Graccus*, mehrere Erzählungen, u.a. *Ein Landarzt*.	33
1917	Prag	*Ein Bericht für eine Akademie*, *Die Sorge eines Hausvaters*, *Beim Bau der Chinesischen Mauer*; zweite offizielle Verlobung mit Felice; erster Blutsturz, Beginn der Lungentuberkulose; Entlobung von Felice.	34
1918		Hebräischstudien.	35
1919	Schlesien Prag	Verlobung mit Julie Wohryzek; *Brief an den Vater*; Felice Bauer heiratet.	36
1920	Matliary	Beförderung zum „Anstaltssekretär"; Entlobung mit Julie Wohryzek; erster Entwurf zu *Das Schloss*; Sanatoriumsaufenthalt in Matliary (Hohe Tatra); Freundschaft mit Robert Klopstock; Begegnung mit Milena Jesenská.	37
1921	Prag	*Erstes Leid*.	38

2.1 Biografie

JAHR	ORT	EREIGNIS	ALTER
1922	Prag	Ein Hungerkünstler, Fürsprecher, Beginn mit der Arbeit am Schloss; Beförderung zum „Obersekretär", vorzeitige krankheitsbedingte Pensionierung; letzte Begegnung mit Milena Jesenská.	39
1923	Berlin	Hebräischstudien; lernt Tile Rößler und Dora Diamant (Dymant) kennen; Übersiedlung nach Berlin zusammen mit Dora Diamant; Eine kleine Frau, Der Bau.	40
1924	Prag Kierling Berlin	Rückkehr nach Prag; Josefine, die Sängerin; Diagnose Kehlkopftuberkulose; in Begleitung Klopstocks und Dora Diamants ins Sanatorium Hoffmann in Kierling bei Klosterneuburg; Doras Vater verweigert seine Zustimmung zur Eheschließung; Kafka stirbt am 3. Juni, einen Monat vor seinem 41.Geburtstag.	40
1925	Berlin	Max Brod gibt den Proceß heraus.	
1942	Chelmno	Tod der Schwestern Elli und Valli im Vernichtungslager Chelmno (Kulmhof).	
1943	Auschwitz	Tod der Schwester Ottla im Vernichtungslager Auschwitz.	
1944	Ravensbrück Auschwitz	Tod Milena Jesenskás im Konzentrationslager Ravensbrück und Grete Blochs in Auschwitz.	

2.2 Zeitgeschichtlicher Hintergrund[2]

- Die Widerspiegelung der „Vielvölkersituation" der Habsburger Monarchie in Kafkas Heimatstadt Prag
- Die identitätslose Situation der Juden
- Die Idee eines eigenen jüdischen Staates
- Der „Berufstyp" des Angestellten entsteht

ZUSAMMEN-
FASSUNG

Die „Dreinationenstadt" Prag

Kafkas Leben und Werk wurde nicht unwesentlich durch seine Heimatstadt Prag und durch seine jüdische Herkunft geprägt.

Prag gehörte bis zu seiner Auflösung 1918 zum Vielvölkerstaat der Habsburger Monarchie und diese „Vielvölkersituation" spiegelte sich im Kleinen auch in Prag wider. Die Stadt wurde von drei Nationen bewohnt: Seit dem 9./10. Jahrhundert lebten in Prag neben den einheimischen Tschechen die eingewanderten Deutschen und die (tschechisch oder deutsch sprechenden) Juden.

Die ständigen Auseinandersetzungen dieser drei Bevölkerungsgruppen untereinander prägten die Stadt und machten Prag über Jahrhunderte hinweg zum Treffpunkt westlicher und östlicher Kulturen.

Mit etwa 90% bildeten die Tschechen zu Kafkas Lebzeiten die Bevölkerungsmehrheit der Stadt. Die deutsch-österreichische Bevölkerungsgruppe machte ca. 5% der Gesamtbevölkerung aus und die restlichen 5% fielen auf den jüdischen Bevölkerungsteil.[3]

Prag

---

2 Vgl. Krischel, S. 14ff.
3 Vgl. Beicken: *Process*, S. 19, sowie Zimmermann, Hans-Dieter: *Franz Kafka. Der Process*, S. 5f.

2.2 Zeitgeschichtlicher Hintergrund

Infolge der Niederlage des tschechisch-protestantischen Adels im Dreißigjährigen Krieg und der Rekatholisierung war das Tschechische zur Sprache der niederen Schichten abgesunken bei gleichzeitigem Aufstieg des Deutschen (und Französischen) zur Hofsprache.

Und noch im Prag des Habsburgerreiches des 19. Jahrhunderts bildeten die Tschechen hauptsächlich die untere und mittlere Bevölkerungsschicht, während die deutsch-österreichische Bevölkerung die dünne Oberschicht Prags stellte. Deutsch war durch Kaiser Josef II. (1765–1790) zur offiziellen Amtssprache im ganzen Habsburger Reich erhoben worden. Jedoch waren um 1900 nur ca. 10% der Einwohner Prags deutschsprachig.[4]

Durch die unter Josef II. einsetzende Verdeutschung Prags entstand bei der tschechischen Bevölkerungsgruppe als Gegenreaktion ein antideutscher, aber auch antisemitischer tschechischer Nationalismus. Während die deutschsprachige Bevölkerungsgruppe kaisertreu und nach Wien ausgerichtet war, strebte die tschechische Bevölkerung zum Großteil die Befreiung von der österreichischen Herrschaft an.

Die jüdische Bevölkerung Prags

Die jüdische Bevölkerung Prags stand zwischen der verfeindeten deutschen und tschechischen Bevölkerungsgruppe, neigte sich aber überwiegend der deutschen Bevölkerungsgruppe zu. Das führte dazu, dass sich der Nationalismus der tschechischen Bevölkerung nicht nur gegen die Deutschen, sondern auch gegen die Juden richtete.

Viele Juden besuchten deutsche Schulen und Universitäten, weil sie (wie auch Kafkas Vater) glaubten, sich dadurch ein gutes berufliches Weiterkommen und gesellschaftlichen Aufstieg zu ermöglichen. So waren bei einem Bevölkerungsanteil (in Böhmen)

---

4 Vgl. Beicken: *Process*, S. 19

2.2 Zeitgeschichtlicher Hintergrund

von nur 1,46% 1904 29,8% der Studenten der Prager Deutschen Karls-Universität Juden. Die Juden stellten aber nur 1% der Studenten der tschechischen Universität Prags. 29,2% der Studenten der deutschen Technischen Hochschule waren Juden, aber nur 1,2% der tschechischen Technischen Hochschule. 90% aller jüdischen Kinder gingen auf deutsche Schulen.[5]

Vor allem im literarischen und journalistischen Bereich waren die Juden gerade in der Generation Kafkas besonders erfolgreich. Erwähnt seien hier nur Max Brod, Felix Weltsch, Willy Haas sowie Franz Werfel, Ernst Weiss und schließlich Franz Kafka selbst.

Dass die jüdische Bevölkerung des Habsburgerreiches (mehr oder weniger) gleichberechtigt mit und neben den anderen Nationen des Habsburger Vielvölkerstaates leben konnte, verdankt sie dem Toleranzedikt Kaiser Josefs II. und seiner Erweiterung durch Kaiser Franz Josef (1848–1916) im Jahr 1849. Erst jetzt begann die sog. Emanzipation der Juden, die bisher an ein Leben in Ghettos gebunden waren. Noch Kafka erinnerte sich an das verwinkelte Prager Judenghetto, das erst zu seiner Zeit abgerissen und durch ein Viertel im Stil der „Belle Epoque" ersetzt wurde.

Mit der Judenemanzipation einher ging jedoch auch ein neuer, aus dem tschechischen Nationalismus aufkeimender Antisemitismus. Die meisten Juden waren deutschsprachig und so enthielt die anwachsende antideutsche Stimmung im tschechischsprachigen Kleinbürgertum immer auch antisemitische Tendenzen. Verstärkt wurden sie zudem noch durch die relative wirtschaftliche Besserstellung der Juden. Im Nationalismus und in der Judenfeindlichkeit fand die durch die soziale Unsicherheit im Rahmen der Säkularisierung und Industrialisierung orientierungslos gewordene tsche-

---

5 Vgl. Zimmermann: *Process*, S. 7

2.2 Zeitgeschichtlicher Hintergrund

chische Unter- und Mittelschicht den Halt, den sie suchte.[6] So nahmen antisemitische Ausschreitungen trotz der Judenemanzipation und der Aufhebung der Ghettos zu. Kafka selbst wurde mehrfach mit antisemitischen Ausschreitungen konfrontiert.

Bewusst selbst erlebt hat Kafka die gewaltsame Ausschreitung gegen Deutsche, vor allem aber gegen Juden, in Prag im November 1920. Er berichtet Milena Jesenská darüber:

„Die ganzen Nachmittage bin ich jetzt auf den Gassen und bade in Judenhass. Prasivé plemeno [d.h. räudige Rasse] habe ich jetzt einmal die Juden nennen hören. Ist es nicht das Selbstverständliche, dass man von dort weggeht, wo man so gehasst wird ... Gerade habe ich aus dem Fenster geschaut: berittene Polizei, zum Bajonettangriff bereite Gendarmerie, schreiende auseinander laufende Menge und hier oben im Fenster die widerliche Schande, immerfort unter Schutz zu leben."[7]

Theodor Herzls Idee eines Judenstaates

Viele Juden hatten, wie auch Kafkas Vater, ihre Identität in der jüdischen Religion verloren. Die religiösen Riten und Feste waren für sie zu inhaltslosen gewohnheitsmäßigen Gesten geworden. Aber auch der Versuch, eine neue Identität durch „Integration unter den fremden Völkern" zu erreichen, wurde durch die antisemitischen Ausschreitungen und Stimmungen bei diesen Völkern erschwert.[8]

Herzls Buch Der Judenstaat

So fand die Idee Theodor Herzls (1860–1904), die er 1896 in seinem Buch *Der Judenstaat. Versuch einer modernen Lösung der*

---
6 Vgl. Zimmermann: *Process*, S. 5, www.geo.uni-bonn.de/kafka
7 Kafka, Franz: *Briefe an Milena*, S. 240, zitiert nach Zimmermann, *Process*, S. 7
8 sbg: ... *Nächstes Jahr in Jerusalem*, S. 36

2.2 Zeitgeschichtlicher Hintergrund

Judenfrage bekannt machte, bei vielen europäischen Juden Anklang. Herzl sah als einer der Ersten das Judentum, das bisher nur als kulturelle und religiöse Gemeinschaft gesehen wurde, auch als eine nationale Einheit. Er verstand sich daher weniger als religiöser Führer, sondern als Politiker. In einer Zeit, in der in vielen europäischen Ländern antisemitische Stimmungen aufkeimten, suchte er die „Judenfrage" politisch zu lösen, indem er die Rückkehr der Juden nach Palästina und die Gründung eines jüdischen Staates anregte.

Nach dem Berg Zion, dem Hügel des alten Jerusalems auf dem die Burg Davids gestanden hatte, nannten sich die Juden, die für die Gründung eines neuen jüdischen Staates in Palästina eintraten, „Zionisten".

Der Zionismus stärkte das jüdische Selbstverständnis. In vielen europäischen Städten entstanden zionistische Bewegungen. 1909/1910 hielt Martin Buber Vorträge in Prag, die starken Eindruck auf Kafka machten und ihn veranlassten, sich noch stärker mit jüdischer Literatur und seiner jüdischen Herkunft zu beschäftigen.

Zu Beginn des 20. Jahrhunderts entstand auch ein neuer „Berufstyp", der **Angestellte**, der unselbstständig, aber nicht körperlich arbeitende Arbeitnehmer.

Er gehörte seinem Selbstverständnis nach dem Mittelstand an, war faktisch diesem gegenüber jedoch deklassiert, ohne aber das proletarische Bewusstsein oder das Solidaritätsgefühl der Arbeiter zu besitzen.[9]

Der Beruf des Angestellten bot den angepassten Juden die wohl einzige Gelegenheit, ihrer alten Domäne, dem kaufmännischen Bereich, zu „entkommen". Aber auch ehemalige Offiziere

---

9 Vgl. Siegfried Krakauer: *Die Angestellten*, nach Ulf Abraham: Franz Kafka: *Die Verwandlung*, S. 7

2.2 Zeitgeschichtlicher Hintergrund

und ursprünglich unabhängige Mittelständler fanden sich unter den Angestellten. Sie mochten zwar rechtlich, aber nicht sozial als Angestellte gelten.

„Fremd ragen diese bürgerlichen Ruinen mit ihren Privatgefühlen und der ganzen verschollenen Innenarchitektur in die rationalisierte Angestelltenwelt hinein."[10]

Auch Gregor Samsa aus Kafkas *Verwandlung* ist ehemaliger Offizier und seine Familie führte vor dem Zusammenbruch des elterlichen Geschäftes durchaus das Leben „unabhängiger Mittelständler". Im erzwungenen Beruf des Angestellten fühlt er sich fremd und er wird zur „bürgerlichen Ruine" mit „Privatgefühlen", der sich abends hinlegt, um als Käfer zu erwachen.
Wie diese Angestellten von ihren Chefs ausgebeutet wurden, konnte Kafka selbst tagtäglich im Geschäft seines Vaters erleben.

„Die despotische Behandlung der Angestellten, in der der Familientyrann [Kafkas Vater] sein Regiment auch ins Geschäft hinein fortsetzt, widert ihn an. Er identifiziert sich als Kind mehr mit diesen ‚bezahlten Feinden' des Vaters als mit seiner eigenen (Unternehmer-) Familie; er sieht sie eigentlich von unten, so wie Gregor das zunehmend in der ‚Verwandlung' tut."[11]

---

10 Vgl. Siegfried Krakauer: *Die Angestellten*, S. 8
11 Abraham, S. 7

2.3 Angaben und Erläuterungen zu wesentlichen Werken

2.3 Angaben und Erläuterungen zu wesentlichen Werken[12]

Kafka begann bereits mit 20 Jahren zu schreiben. Nur ein Teil seiner Werke wurde zu seinen Lebzeiten veröffentlicht. Erst nach seinem Tod veröffentlichte sein Freund Max Brod entgegen Kafkas letztem Willen dessen bis dahin unpublizierten Werke.

Während seiner komplizierten Beziehung zu Felice Bauer und geprägt durch familiäre Probleme schrieb Kafka 29-jährig *Die Verwandlung*.

Über die Entstehungsschwierigkeiten berichtete er fortlaufend Felice Bauer. Die Probleme mit seinem Vater schrieb Kafka sich nochmals sieben Jahre später im *Brief an den Vater* von der Seele.

---

12 Vgl. Krischel, S. 22ff.

2.3 Angaben und Erläuterungen zu wesentlichen Werken

Im Gesamtwerk Franz Kafkas bildet das **erzählerische Werk** nur ein „schmales Œuvre".[13] Weit umfangreicher sind Kafkas **Tagebücher** und **Briefe**. Daneben hat er in seiner Funktion als Beamter der Arbeiter-Unfall-Versicherungsanstalt zahlreiche **Aufsätze** über Unfallverhütung geschrieben.

Auf das Gesamtwerk näher eingehen zu wollen, würde daher den Rahmen dieser Publikation sprengen, so können im Folgenden nur einige seiner bedeutendsten Schriften vorgestellt werden.

Brief an den Vater

Zeitlebens litt Kafka unter seinem ihm übermächtig erscheinenden Vater. In dem zwischen dem 10. und 13. November 1919, unmittelbar nach der gescheiterten Beziehung Kafkas mit Julie Wohryzek entstandenen über 100 Seiten langen *Brief an den Vater* legt Kafka umfassend **seine** Sicht des Vaters und ihrer Beziehung dar.

---

13 Zeitschrift *Literaturen* 1/2 II 2003, S. 1

2.3 Angaben und Erläuterungen zu wesentlichen Werken

Immer wieder erwähnt Kafka hier Begebenheiten, bei denen sein Charakter und seine Lebensauffassung mit der des Vaters zusammenstießen und stets waren es Begebenheiten, bei denen der schwächere Sohn zurückstand. Wollte man den Brief aber (nur) als „Abrechnung" mit dem Vater sehen,

„würde dies seinem Inhalt, vor allem aber seinem Stil nicht gerecht – der Brief ist vielmehr eine Analyse ihres gemeinsamen Lebens; er ist eine Gelegenheit, die Kafka nutzte, um dem Vater ihre Beziehung aus seiner Sicht erschöpfend darzustellen."[14]

Die berühmten Zeichnungen Kafkas bilden unabhängig von seiner schriftstellerischen Arbeit ein eigenständiges Werk.

Zwar verteidigt Kafka vordergründig die Person und die Wesensart seines Vaters, unbewusst macht er sie ihm jedoch zum Vorwurf. Der Brief ist also kein Dokument, das aus spontaner Leidenschaft geschrieben wurde, dafür ist er rhetorisch viel zu versiert. Kafka verstärkt seine Zielsetzung noch dadurch, dass er die beschriebenen Ereignisse interpretiert, statt sie chronologisch und wertfrei wiederzugeben. Bei dieser Vorgehensweise bleibt eine subjektive Verzerrung der Ereignisse und Handlungen natürlich nicht aus.

Kafkas Vater hat den Brief wohl nie erhalten, vielmehr wurde er in Kafkas Nachlass gefunden. Das und der rhetorisch-künstlerische Stil des „Briefes" machen ihn zu einem „komplex komponierte[n] Werk", das wohl ebenso sehr Literatur ist wie biografisches Dokument.[15]

---

14 www.geo.uni-bonn.de/kafka
15 Gillman, Sander L.: *Die Ängste des jüdischen Körpers*, S. 17

2.3 Angaben und Erläuterungen zu wesentlichen Werken

Auch die berühmten *Briefe an Felice*, die Kafka vom 13. August 1912 über fünf Jahre hinweg an seine Verlobte Felice Bauer schrieb, sind ein Werk, aus dem „uns ein manipulierender und überreizter Kafka entgegenzutreten" scheint.[16] Für Elias Canetti sind die *Briefe an Felice* sogar das größte von Kafkas **literarischen** Kunstwerken.[17]

Sowohl im *Brief an den Vater* als auch in den *Briefen an Felice* tritt uns nicht das biografische Ich Kafkas entgegen, sondern Kafka erscheint als literarische Kunstfigur. Er zeigt sich in seinen Briefen so, wie er von Felice (und vielleicht auch von der lesenden Nachwelt) gesehen werden wollte.

Das Bild, das Kafka hier sowie in vielen anderen Briefen und Tagebuch-Aufzeichnungen von sich selbst malt, entspricht nämlich nicht dem Bild, das sein persönliches Auftreten bei anderen hinterließ. Kafka hat das selbst bemerkt und wiederholt thematisiert. So spricht er auch in einem Brief an Felice vom 19. März 1913 von seiner fast schon zwanghaften Neigung zur Selbstdarstellung.

Felice Bauer

Kafka hatte Felice Bauer einen Abend lang im Hause seines Freundes Max Brod kennengelernt. Diese kurze Begegnung löste eine Flut von „Liebes"-Briefen aus. Dabei bleibt offen, ob er Felice Bauer im fernen Berlin wirklich liebte, denn nur die körperliche Abwesenheit Felices machte es Kafka überhaupt möglich, einen Briefwechsel von solch enormem Ausmaß mit ihr zu führen:

„Die durch sie gegebene Verbindung aus menschlicher Nähe und Distanz wurde für Kafka zur einigermaßen erträglichen und daher fast idealen Bedingung einer literarischen Existenz. Nur in dieser prekären Balance überhaupt ließ sich ein Liebesver-

---

16 Gillman, Sander L.: *Die Ängste des jüdischen Körpers*, S. 17
17 Vgl. Gillman, Sander L.: *Die Ängste des jüdischen Körpers*, S. 17

2.3 Angaben und Erläuterungen zu wesentlichen Werken

hältnis solange aufrechterhalten, das Kafka mit dem Satz charakterisierte: ‚Ich kann mit ihr nicht leben und ich kann ohne sie nicht leben.'"[18]

Hauptinhalte von Kafkas Briefen sind daher weniger Liebesbezeugungen als Kafkas Konflikt zwischen Schriftstellerexistenz und der Existenz als Ehemann. Immer wieder malt er Felice das (unerträglich schwere) Leben als Ehefrau an seiner (Schriftsteller-)Seite in den krassesten Farben aus. Man weiß schließlich nicht mehr, ob Kafka seine „unerträglichen" Eigenschaften aufzählt, um Felice von einer Ehe mit ihm abzuhalten oder ob er bei ihr schon im Voraus Nachsicht für seine Eigenheiten erlangen will. Aber selbst nach seiner gescheiterten Verlobung mit Felice nimmt Kafka schließlich wieder Kontakt mit ihr auf, der bis 1917 andauert.

Seine bereits am 23. September 1912 entstandene Erzählung *Das Urteil* interpretiert Kafka in einem Tagebuch-Eintrag vom 14. August 1913 in Bezug auf sein Verhältnis zu Felice.[19]

Das Urteil

Dies und die in der Erzählung artikulierte Not des jungen Mannes, der vom hyperdominanten Vater an der Verwirklichung der eigenen Lebensziele gehindert wird, dessen Verlobung missbilligt und dessen beruflicher Erfolg als Nutznießertum abgewertet wird, fordert die biografische Lesart geradezu heraus.

Dieser biografische Interpretationsansatz allein wird der Erzählung jedoch nicht gerecht. Bei genauerem Lesen fällt nämlich auf, dass auch der Sohn nicht unschuldig an seinem Untergang ist. Er ist unfähig, mit der Außenwelt in eine emotionale Beziehung zu treten. So „verdrehen" sich die Verhältnisse: Der kranke, gelähmte Vater ist der Lebendigere. Er ist in der Lage, zwischenmenschliche

---

18 Anz, Thomas: *Franz Kafka*, S. 103
19 Anz, Thomas: *Franz Kafka*, S. 231; Kafka: *Briefe an Felice*, S. 400

2.3 Angaben und Erläuterungen zu wesentlichen Werken

Kontakte einzugehen. Der körperlich gesunde Sohn hingegen ist emotional gelähmt, „quasi autistisch".[20] Nach der Logik des Textes ist das „vitale Prinzip" berechtigt, das emotional Tote auszuschließen.[21] So gesehen ist das Urteil keine persönliche Abrechnung, sondern ein fast naturhafter Vorgang. Der Sohn erkennt das an und akzeptiert das Urteil, das er an sich selbst ausführt. „Die Erkenntnis der Ausgeschlossenheit von der menschlichen Gemeinschaft lässt keinen anderen Ausweg als den Tod, ja ist bereits der Tod."[22]

Eine von Kafkas bekanntesten Erzählungen ist *Die Verwandlung*, die ebenfalls in der Zeit der „Beziehung" zu Felice Bauer entstand. In mehreren Briefen schildert er ihr seine Arbeit an der Erzählung (vgl. 3.1).

Neben den **Briefen, Tagebüchern** und **Erzählungen** hat Kafka noch drei große, teilweise fragmentarisch gebliebene **Romane** verfasst. Einmal den wohl auch als Reaktion auf die Entlobung mit Felice Bauer entstandenen *Proceß*, der Kafkas Weltruhm begründet, sowie den *Verschollenen*, der von Max Brod bei der Herausgabe in *Amerika* umbenannt wurde, und *Das Schloss*.

Schildert Kafka in einer Art albtraumhaften Straf- und Schuldfantasie in seinem vielschichtigen Roman *Der Proceß* den vergeblichen (z.T.) tragisch-grotesken Versuch des Josef K., nach seiner merkwürdigen Verhaftung bis zum Gericht vorzudringen, so scheitert die Hauptfigur K. aus *Das Schloss* mit ihrem Wunsch, zur Schlossbehörde zu gelangen.

Das Schloss

Kafkas 1922 entstandener und 1926 erschienener Roman *Das Schloss* zählt neben dem *Proceß* zweifellos zu den rätselhaftesten Romanen der Weltliteratur. In vieler Hinsicht verweist er auf

---

20 www.xlibris.de (Kafka: *Das Urteil*)
21 www.xlibris.de (Kafka: *Das Urteil*)
22 www.xlibris.de (Kafka: *Das Urteil*)

2.3 Angaben und Erläuterungen zu wesentlichen Werken

den *Proceß*, sei es im gemeinsamen Namen der Hauptpersonen oder im vergeblichen Versuch beider, zu einer weit über den Menschen stehenden Behörde vorzudringen. Wie beim *Proceß* gibt es neben den unverkennbaren autobiografischen Spiegelungen auch zum *Schloss* die unterschiedlichsten Deutungsansätze.[23] Aber wie in allen Werken Kafkas kann man auch im *Schloss* keine eindeutige Zuordnung vornehmen.

Das Romanfragment *Der Verschollene* bzw. *Amerika* ist zwar schon 1913 kurz nach der Erzählung *Das Urteil* entstanden, wurde von Max Brod allerdings als letzter Roman erst 1927 aus dem Nachlass Kafkas veröffentlicht. Bei dieser Fassung handelt es sich um die Zweitfassung des Romans. Eine erste Fassung von 1911/1912 wurde von Kafka als misslungen betrachtet und ist bis heute verschollen.

Der Roman erzählt von dem 16-jährigen Karl Roßmann, der von seinen Eltern, weil ihn ein Dienstmädchen verführt und ein Kind von ihm bekommen hat, nach Amerika geschickt wurde. Hier versucht er in verschiedenen Berufen Fuß zu fassen, scheitert aber immer wieder durch die Schuld anderer.

Der Roman bildet in vielerlei Hinsicht eine Ausnahme in Kafkas Schaffen. Ihm fehlt die albtraumhafte, beängstigende Unerklärlichkeit vieler seiner anderen Werke. Kafka selbst muss das empfunden haben, als er Max Brod gegenüber betonte, „dass dieser Roman hoffnungsfreudiger und ‚lichter' sei als alles, was er sonst geschrieben hat."[24]

Allerdings finden sich auch in diesem Roman bereits Motive, die Kafka in seinen späteren Werken verwendet hat, etwa die undurchschaubare und unfassbare bürokratische Berufsklassenstruk-

---

23 Vgl. hierzu u. a. Sautermeister, Gerd: *Das Schloss*, S. 8503–8505
24 Zitiert nach www.xlibris.de (Kafka: *Amerika*)

2.3 Angaben und Erläuterungen zu wesentlichen Werken

tur im Hotel Occidentale, die bereits auf die undurchschaubare Richter- und Beamtenhierarchie der späteren Romane hinweist. Auch umkreist der junge Karl Roßmann wie später der Landvermesser K. im Schloss und Josef K. im Prozess ein sich ihm immer wieder entziehendes Ziel: „Ihm ... gelingt es nicht oder nur vorübergehend, in dieser Welt aus eigengesetzlicher, entpersönlichender Perfektion und Grausamkeit einzudringen."[25]

Obwohl Karl wiederholt extrem ungerecht behandelt wird, nimmt er sein Schicksal geduldig auf sich und erweist sich so als typische Kafkafigur. Allerdings unterscheidet sich der naiv-unbeschwerte 16-jährige gutwillige Junge deutlich von den „marionettenhaften, negativen Helden der späteren Romane: seine Situation ist nicht tragisch, seine ganze Lebenslandschaft weniger gespenstisch und irreal."[26]

---

25 Redaktion Kindlers Literatur Lexikon: *Amerika*, S. 977
26 Redaktion Kindlers Literatur Lexikon: *Amerika*, S. 977

3. TEXTANALYSE UND -INTERPRETATION

3.1 Entstehung und Quellen

> 1912 Kafka schreibt *Die Verwandlung.*
> Er ist mit dem Schluss unzufrieden.
> 1915 Abdruck im Oktoberheft der Zeitschrift Weiße Blätter
> 1915 Erstausgabe erscheint in Buchform.
> Anregung für diese Erzählung durch eigene persönliche und familiäre Probleme

ZUSAMMEN-
FASSUNG

Kafkas Erzählung *Die Verwandlung* ist zwischen dem 17. November und dem 6./7. Dezember 1912 entstanden. Parallel arbeitete Kafka an seinem Roman *Amerika (Der Verschollene)*.[27] In den Briefen an seine Verlobte Felice Bauer schildert er die einzelnen Phasen der Entstehung.

Kafka gibt an, dass ihm die Geschichte „in dem Jammer im Bett" eingefallen sei.[28] Helmut Binder vermutet, dass Kafkas „Jammern" auf das Ausbleiben der Post von Felice zurückzuführen sei, das Kafka wohl als „Abwendung der Geliebten" interpretierte.[29]

„Dieses Ereignis hatte einen allerdings erheblichen Problemhorizont, insofern der quälende Beruf sinnlos erschien, sobald eine Ehe mit Felice unmöglich wurde. Der Hass auf den Vater, die Klagen gegenüber Felice, das ‚vernünftige Trösten'

---

27 Vgl. Kafka: *Brief an Felice vom 18. November 1912,* S. 102
28 Kafka: *Brief an Felice vom 17. November 1912,* S. 102
29 Siehe Peter Beicken: *Franz Kafka: Die Verwandlung,* S. 111

3.1 Entstehung und Quellen

der besorgten Mutter erhöhten die innere Anspannung, bringen den Dichter dazu, sofort ein fiktives Problemlösungsspiel durchzuführen."[30]

"Hinausschreiben" des Ekelhaften

Die ursprünglich als „kleine Geschichte" geplante Erzählung entwickelte sich im Laufe ihrer Entstehung immer mehr zu „einer großen Geschichte", die schließlich auf drei Kapitel anwachsen sollte.[31]
Bereits nach der Hälfte der Erzählung bezeichnet Kafka sie als „ausnehmend ekelhafte Geschichte" und betont gegenüber Felice, dass diese Gefühle aus seinem „Herzen" kämen und er sich von ihnen freischreiben müsse, um „rein und würdig" für Felice zu werden. Dieses „Hinausschreiben" des Ekelhaften aus seinem Herzen ist aber nichtsdestotrotz für Kafka ein „äußerst wollüstige(s) Geschäft", das ihm offenbar eine gewisse Befreiung von seinen eigenen Problemen bringt, denn wie sein Erzählheld Gregor Samsa lebt Kafka noch als erwachsener Sohn bei seinen Eltern.[32] Wie Gregor leidet er unter seinem (für ihn) übermächtigen Vater. So steht Kafkas persönliche Situation bei der Entstehung der *Verwandlung* unter keinem guten Stern. Seine Empfindung, er fühle sich „mit einem Fußtritt aus der Welt geworfen", zeigt nur zu deutlich seine innere Verfassung während dieser Zeit.[33]
In seinem Brief vom 25. November 1912 spricht Kafka bereits von Arbeitsverzögerung an *Der Verwandlung*. Er hat wohl genaue Vorstellungen über die Arbeits-(Entstehungs-)zeit seiner Geschichte, denn Kafka hat das Gefühl, dass man eine solche Geschichte „mit einer Unterbrechung in zweimal 10 Stunden niederschrei-

---

30 Peter Beicken: *Franz Kafka: Die Verwandlung*, S. 111, S. 111
31 Kafka: *Brief an Felice vom 12. November 1912*, S. 116
32 Kafka: *Brief an Felice vom 24. November 1912*, S. 117
33 Zitiert nach Ingeborg Scholz: *Kafka, Erzählungen I*, S. 23

3.1 Entstehung und Quellen

ben" müsse. Dann „hätte sie ihren natürlichen Zug und Sturm, den sie vorigen Sonntag in meinem Kopf hatte."[34] Kafka hofft daher, dass seine Dienstreise nach Krakau und die damit erzwungene Unterbrechung „keine allzu schlimmen Folgen für die Geschichte haben werden".[35] Doch schon zwei Tage später glaubt er, sich in der Geschichte „verrannt" zu haben.[36]

In seinem Brief vom 1. Dezember schildert Kafka Felice allerdings schon, dass seine Arbeit an der *Verwandlung* ihm wieder gut von der Hand geht:

> „… ich bin jetzt endlich bei meiner kleinen Geschichte ein wenig ins Feuer geraten, das Herz will mich mit Klopfen weiter in sie hineintreiben. Ich muss versuchen, mich so gut es geht aus ihr herauszubringen und weil das eine schwere Arbeit sein wird und Stunden vergehen werden ehe der Schlaf kommt, muss ich mich beeilen, ins Bett zu gehen."[37]

Am 7. Dezember schreibt Kafka an Felice, dass er seine „kleine Geschichte" beendet habe, ist allerdings mit ihrem Schluss nicht zufrieden: „… mich [macht] der heutige Schluss gar nicht froh, er hätte schon besser sein dürfen, das ist kein Zweifel."[38]

Diese Unzufriedenheit Kafkas mit der *Verwandlung* findet sich auch noch fast ein Jahr später in seinen Tagebüchern: „… nun las ich zu Hause *Die Verwandlung* und finde sie schlecht" oder einige Monate später:[39]

---

34 Kafka: *Brief an Felice vom 25. November 1912*, S. 125
35 Kafka: *Brief an Felice vom 25. November 1912*, S. 125
36 Kafka: *Brief an Felice vom 27. November 1912*, S. 135
37 Kafka: *Brief an Felice vom 1. Dezember 1912*, S. 147
38 Kafka: *Brief an Felice, Nacht vom 6. zum 7. Dezember 1912*, S. 163
39 Kafka: *Tagebücher*, Eintrag vom 20. Oktober 1913, S. 323

3.1 Entstehung und Quellen

„Großer Widerwille vor ‚Verwandlung': Unlesbares Ende. Unvollkommen fast bis in den Grund. Es wäre viel besser geworden, wenn ich damals nicht durch die Geschäftsreise gestört worden wäre."[40]

---

40 Kafka: *Tagebücher*, Eintrag vom 19. Januar 1914, S. 351

3.2 Inhaltsangabe

ZUSAMMEN-
FASSUNG

Gregor Samsa, der Sohn und Ernährer der Familie, verwandelt sich in ein Ungeziefer. Seine Mutation verändert entscheidend sein Leben und das seiner Familie. Er muss erleben, wie er von seiner Familie immer mehr abgeschoben wird, bis er schließlich einsam stirbt.

Gregor Samsas Verwandlung in einen Käfer (Kapitel I, HL S. 5–19/R S. 5–23)

Als der Reisende in Tuchwaren Gregor Samsa eines Morgens erwacht, findet „er sich in seinem Bett zu einem ungeheueren Ungeziefer verwandelt" (HL S. 5/R S. 5). Er glaubt zunächst an eine Sinnestäuschung, denn in seinem Zimmer findet er alles so, wie er es am Abend vorher hinterlassen hatte. Gregor versucht weiterzuschlafen, um „alle Narrheiten" (HL S. 5/R S. 5) zu vergessen. Aber er kann sich mit seiner neuen Käfergestalt nicht in seine gewohnte Schlafstellung bringen. So reflektiert er über seine ungeliebte berufliche Situation. Die Schulden seiner Eltern bei seinem Chef zwingen ihn, weiter für diesen zu arbeiten. Wenn er die Schulden nach fünf bis sechs Jahren abgearbeitet hat, will Gregor jedoch kündigen.

Nach einem Blick auf seinen Wecker stellt Gregor voll Entsetzen fest, dass es bereits nach halb sieben ist, der Wecker aber auf vier Uhr eingestellt ist. Er wundert sich, dass er den Wecker überhört hat, und überlegt, wie er noch halbwegs pünktlich zur Arbeit kommen kann. Die Idee, sich krank zu melden, verwirft er rasch wieder, weil er in seiner fünfjährigen Dienstzeit noch nie krank war und sein Chef seine Krankheit garantiert mit dem Krankenkassenarzt überprüfen würde.

3.2 Inhaltsangabe

Als Gregor gerade aufstehen will, klopfen seine Mutter, sein Vater und schließlich auch seine Schwester an den Türen seines Zimmers, um sich zu erkundigen, warum er noch nicht zur Arbeit gegangen sei. Da Gregor die Türen aber versperrt hat, kann kein Familienmitglied sein Zimmer betreten. Gregor versucht sie zu beruhigen und will endlich aufstehen. Dabei macht er die erschreckende Erfahrung, dass ihm seine Stimme nicht mehr gehorcht, denn „ein nicht zu unterdrückendes, schmerzliches Piepsen" (HL S. 7/R S. 8) mischt sich in seine Sprache ein. Immer noch glaubt Gregor aber, dass seine Verwandlung sich als „reine Einbildung" (HL S. 8/R S. 9) entpuppen würde, wenn er erst einmal aufgestanden sei.

In mehreren Anläufen versucht Gregor so aus dem Bett zu steigen, dass er unverletzt bleibt. Doch alle Versuche misslingen zunächst. Er befürchtet, dass jemand aus dem Geschäft nach ihm fragen würde, und überlegt sogar einen Augenblick, dass die Hilfe „zwei[er] starke[r] Leute" (HL S. 9/R S. 11), die seines Vaters und die des Hausmädchens, genügen würden, um ihn aus dem Bett zu heben.

Als es läutet, ahnt Gregor gleich, dass es jemand aus dem Geschäft ist, und muss an den ersten Worten erkennen, dass der Prokurist selbst gekommen ist. Gregor ist verärgert über das Misstrauen, das seine Firma ihren Mitarbeitern entgegenbringt, indem sie den Prokuristen selbst zur Kontrolle schickt. Infolge der Erregung, in die er durch seine Überlegung versetzt wird, gelingt es Gregor, sich aus dem Bett zu schwingen und mit einem vom Teppich abgedämpften dumpfen Schlag auf dem Boden zu landen.

Der Krach ist auch vom Prokuristen und den Eltern gehört worden, sie bitten Gregor, die Tür zu öffnen, und den Prokuristen, der (noch) freundlich zu ihm spricht, einzulassen. Derweil versucht die Mutter vergeblich Gregor beim Prokuristen zu entschuldigen, indem sie seinen großen Einsatz für die Firma betont.

3.2 Inhaltsangabe

Gregor weigert sich jedoch, die Tür zu öffnen, und fragt sich, warum die Schwester noch nicht bei den anderen sei und warum sie weint.

Der Prokurist verlangt inzwischen energisch, dass Gregor die Tür öffnet, und unterstellt ihm schlechte Arbeitsleistung und sogar Veruntreuung. Gregor versucht ihn zu beruhigen. Er entschuldigt sich für seine Verspätung und bittet den Prokuristen, seine Eltern zu schonen. Gregor will die Tür öffnen und mit dem Prokuristen sprechen. Er ist gespannt, wie die anderen auf sein verändertes Äußeres reagieren werden. Dabei ist ihm seine Käferexistenz immer noch nicht richtig bewusst und er hofft noch immer, spätestens um acht Uhr am Bahnhof zu sein, um zur Arbeit fahren zu können.

Während Gregor mühsam versucht, sich aufzurichten, hört er, dass weder der Prokurist noch seine Eltern ihn verstanden haben. Der Prokurist glaubt sogar, eine „Tierstimme" (HL S. 13/R S. 16) vernommen zu haben. Die Eltern sind besorgt und die Mutter schickt die Tochter zu einem Arzt, während der Vater einen Schlosser holen lässt.

Durch das Bemühen seiner Eltern, ihm zu helfen, gestärkt, gelingt es Gregor unter größter Mühe, mit dem Mund den Schlüssel umzudrehen, wobei er sich erheblich verletzt, und die Tür zu öffnen.

Als die anderen Gregor sehen, sind sie zunächst starr vor Entsetzen, dann fällt die Mutter in Ohnmacht, der Vater weint und der Prokurist zieht sich langsam zurück. Gregor ist der Einzige, der die Ruhe bewahrt. Er will auf den Prokuristen zugehen und versucht ihn zu beruhigen, indem er ihn an seine früheren Verdienste um das Wohl der Firma erinnert. Schließlich bittet Gregor den Prokuristen, ein gutes Wort beim Chef für ihn einzulegen.

Der Prokurist aber sieht Gregor nur entsetzt an und versucht, aus der Wohnung zu entfliehen. Gregor erkennt, dass er ihn in dieser Stimmung auf keinen Fall gehen lassen darf, wenn er seine

3.2 Inhaltsangabe

Stellung im Geschäft nicht aufs Äußerste gefährden will, und bedauert, dass seine Schwester nicht da ist, um den Prokuristen, der ein großer „Damenfreund" (HL S. 17/R S. 20) ist, zu halten.

Als er bei dem Versuch, den Prokuristen aufzuhalten, ins Zimmer krabbelt, schreit seine Mutter entsetzt um Hilfe, flieht in Panik auf den gedeckten Kaffeetisch und wirft dabei die volle Kaffeekanne um. Gregor schnappt beim Anblick des auf den Teppich fließenden Kaffees mehrfach mit dem Kiefer ins Leere. Die Mutter flüchtet daraufhin verängstigt vom Küchentisch in die Arme des Vaters.

Gregor hat aber keine Zeit, sich um die Eltern zu kümmern. Er will versuchen, den Prokuristen aufzuhalten. Aber der Prokurist ist schon über die Treppe entflohen. Stattdessen tritt der Vater Gregor in den Weg und versucht, ihn mit Hilfe der Zeitung und des zurückgelassenen Stocks des Prokuristen in sein Zimmer zurückzutreiben. Um dem tödlichen Schlag des Vaters zu entgehen, bemüht sich Gregor, rückwärtsgehend in sein Zimmer zu gelangen, aber er bemerkt entsetzt, dass er zu ungeübt ist, um die Richtung einzuhalten. So dreht er sich langsam um und versucht, verfolgt vom zischenden und stampfenden Vater, in sein Zimmer zu fliehen. Da Gregors Käfergestalt aber zu breit für die Zimmertür ist und niemand auf die Idee kommt, den zweiten Türflügel zu öffnen, muss er sich durch die Tür in sein Zimmer quetschen. Dabei verletzt er sich erheblich. Schließlich gibt ihm der Vater einen starken Stoß, sodass Gregor heftig blutend ins Zimmer fliegt, und stößt die Zimmertür mit dem Stock zu.

Die Veränderungen in der Familie
(Kapitel II, HL S. 19–35/R S. 24–44)

Am Abend erwacht Gregor aus einem ohnmachtsähnlichen Schlaf. Er fühlt sich ausgeruht und glaubt, dass jemand in seinem Zimmer war. Als er sein Bett verlassen will, schmerzt ihn seine

3.2 Inhaltsangabe

ganze linke Seite, sodass er humpeln muss. Ein Beinchen kann er sogar nur noch leblos mitschleppen.

An der Tür bemerkt Gregor einen Topf mit süßer Milch und kleingeschnittenem Weißbrot. Hungrig versucht er es zu essen, muss aber feststellen, dass er aufgrund seiner Verletzung nicht richtig essen kann und dass ihm die Milch, früher sein Lieblingsgetränk, nicht mehr schmeckt. Gregor glaubt, dass seine Schwester ihm das Essen hingestellt hat. Durch die Türspalte sieht er Licht im Wohnzimmer, aber er hört den Vater nicht wie sonst aus der Zeitung vorlesen, sondern alles ist still.

Gregor ist stolz, dass er seiner Familie ein Leben in einer schönen Wohnung und in Wohlstand bieten kann. Die Gedanken, dass dieses Leben ein schreckliches Ende nehmen könnte, versucht er dadurch zu verdrängen, dass er durchs Zimmer krabbelt.

Zweimal wird seine Tür langsam geöffnet, als wolle jemand sein Zimmer betreten, traue sich aber dann doch nicht. Gregor ist entschlossen, den zögernden Besucher in sein Zimmer zu bekommen, um zu erfahren, wer er sei. Aber die Türen, obwohl jetzt alle aufgeschlossen, werden nicht mehr geöffnet.

Gregor überlegt, wie er mit seinem neuen Leben zurechtkommen solle und wie er den Eltern möglichst wenig Mühe bereiten könne. Obwohl ihm sein Zimmer vertraut ist, fürchtet er sich und flieht unter das Kanapee. Von hier beobachtet er auch, wie seine Schwester die Tür öffnet und sich nach ihm umschaut, dann aber, als sie ihn unter dem Kanapee sieht, erschrocken die Tür wieder schließt. Sie kommt jedoch erneut herein, und als sie sieht, dass Gregor von der Milch nichts getrunken hat, bringt sie ihm verschiedene Esswaren.

Als Gregor sich zum Essen begibt, stellt er fest, dass er wieder vollständig hergestellt ist und keine Schmerzen mehr verspürt. Er stürzt sich direkt auf die bereits verdorbenen Speisen, während ihn die frischen Speisen anwidern.

3.2 Inhaltsangabe

Satt gegessen beobachtet er unter seinem Kanapee heraus, wie seine Schwester die Essensreste zusammenkehrt und wieder verschwindet. Die Schwester versorgt Gregor nun täglich zweimal mit Nahrung. Da niemand Gregor verstehen kann, glaubt seine Familie, dass umgekehrt Gregor sie auch nicht verstehe. Aber Gregor lauscht stets ganz begierig an der Zimmertür, sobald er hört, dass seine Familie im Wohnzimmer sitzt. So erfährt er auch, dass das Dienstmädchen um seine Entlassung gebeten und geschworen hat, niemandem etwas zu erzählen. Um am Familienleben teilhaben zu können, muss Gregor an der Wohnzimmertür lauschen. Er erfährt aus den Gesprächen seiner Familie, dass sein Vater beim Konkurs seines Geschäfts nicht alles Geld verloren hat, sondern einen Teil als eiserne Reserve heimlich zurückgelegt hatte. Auch das monatliche Gehalt, das Gregor seiner Familie zur Verfügung stellte, war nicht ganz aufgebraucht worden, sodass die Familie jetzt ein kleines Vermögen besitzt, von dessen Zinsen sie zwar nicht leben kann, das aber reicht, um sie ein bis zwei Jahre erhalten zu können.

Gregor ist zwar erstaunt, dass der Vater ihn über dieses Geld nicht informiert hat, freut sich aber aufgrund der jetzigen Situation über das kleine Vermögen. Er hat nämlich ein schlechtes Gewissen bei dem Gedanken, dass sein alter, schwerfälliger Vater oder gar seine asthmakranke Mutter arbeiten müssten. Besonders beschämt ihn jedoch die Vorstellung, dass auch seine 17-jährige Schwester ihr bisheriges sorgloses Leben aufgeben und arbeiten gehen müsste. Gregor hält sie für viel zu jung, um Geld zu verdienen. Auch bedauert er, dass aufgrund der veränderten Situation sein mehrfach vom Vater kritisierter Plan, seiner Schwester eine musikalische Ausbildung an einem Konservatorium zu finanzieren, nicht mehr verwirklicht werden kann.

3.2 Inhaltsangabe

Gregor macht es sich zur Gewohnheit, aus seinem Fenster zu blicken. Dazu rückt er mühsam einen Sessel ans Fenster. Es ist für ihn die einzige Möglichkeit, Kontakt zur Außenwelt zu erhalten. Gregors Schwester kümmert sich um ihn, bringt ihm Essen, räumt sein Zimmer auf und rückt nun seinen Sessel ans Fenster. Aber Gregor bemerkt, dass ihre Fürsorge sich allmählich in Ekel zu verwandeln beginnt, besonders fällt es ihr immer schwerer, den Gestank in Gregors Zimmer auszuhalten.

Für Gregor werden die Aufräumaktionen seiner Schwester immer quälender, weil er erkennt, dass sie ihn offensichtlich zunehmend widerwärtig findet. Als seine Schwester eines Tages unerwartet eintritt und ihn am Fenster erblickt, schließt sie entsetzt die Tür. Gregor schleppt daraufhin ein Leintuch aufs Kanapee, das ihn, wenn er sich unter dem Kanapee versteckt, ganz verdeckt.

Die Eltern scheuen sich davor, Gregors Zimmer zu betreten. Sie erkennen aber die Arbeit der Schwester an und fragen täglich nach Gregors Befinden. Die Mutter will schließlich Gregor sehen, wird aber vom Vater und der Schwester zurückgehalten. Auch Gregor wünscht sich, die Mutter zu sehen.

Er gewöhnt sich allmählich an seine Käfergestalt, die ihm das Kriechen über Decke und Wände ermöglicht. Um Gregor das Krabbeln und Klettern zu erleichtern, will seine Schwester die Möbel aus seinem Zimmer räumen. Da sie das nicht allein kann, den Vater und das Dienstmädchen aber nicht fragen will, bittet sie die Mutter, ihr zu helfen. Die Mutter bekommt jedoch beim Möbelrücken Skrupel, da das Entfernen der Inneneinrichtung zeige, dass man jede Hoffnung auf Besserung von Gregors Zustand aufgegeben habe. Auch Gregor wird jetzt bewusst, dass seine Möbel eine letzte Verbindung an seine menschliche Existenz sind, und er will die Einrichtung behalten.

3.2 Inhaltsangabe

Gregors Schwester glaubt aber aufgrund ihrer Fürsorge für Gregor eine besondere Sachverständige in Angelegenheiten ihres Bruders zu sein und lässt sich nicht von ihrem Vorhaben abbringen. Gregor muss zusehen, wie sie seine Möbel und damit die Erinnerung an sein bisheriges Leben ausräumen. Verzweifelt will er wenigstens sein Lieblingsbild, das von ihm gerahmte Illustriertenbild einer Dame im Pelz, retten, kriecht unter dem Kanapee hervor und legt sich auf das an der Wand hängende Bild.

Als die beiden Frauen in sein Zimmer treten, entdeckt die Schwester Gregor zuerst. Sie will die Mutter abhalten, das Zimmer zu betreten. Aber die Mutter erblickt Gregor und fällt in Ohnmacht. Zum ersten Mal droht seine Schwester Gregor mit erhobener Faust und eilt der Mutter aufgebracht zur Hilfe.

Gregor, außer sich vor Sorge, will der Mutter auch helfen und folgt der Schwester, die nach Medizin sucht, ins Wohnzimmer. Gregors Schwester schlägt jedoch die Tür zu, sodass Gregor im Wohnzimmer gefangen ist. In seiner Verzweiflung kriecht er durch das ganze Zimmer und fällt schließlich auf den Tisch.

Unerwartet kommt der Vater von der Arbeit und Gregors Schwester berichtet ihm genervt, dass Gregor „ausgebrochen" (HL S. 33/ R S. 41) sei. Um den Vater zu besänftigen, flieht Gregor zu seiner Zimmertür. Erstaunt nimmt er dabei das veränderte Aussehen und Auftreten des Vaters wahr. Der Vater trägt die Uniform des Dieners eines Bankinstitutes und tritt selbstbewusst und furchterregend mit seinen für Gregor riesig erscheinenden Stiefeln auf ihn zu. Gregor versucht, durch das Zimmer zu fliehen. Das strengt ihn sehr an und er kommt immer mehr außer Puste, als der Vater ihn mit Äpfeln bewerfend in sein Zimmer zurückzutreiben versucht. Ein Apfel verletzt Gregor schwer am Rücken. Bevor der Vater aber weiter werfen kann, kommt Gregors Mutter, die aus ihrer Ohnmacht erwacht ist, aus Gregors Zimmer gestürmt und bittet um Schonung seines Lebens.

3.2 Inhaltsangabe

Gregors Isolation und Tod (Kapitel III, HL S. 35–50/R S. 44–63)

Der Apfel bleibt, da ihn niemand entfernt, in Gregors Rücken stecken. Er kann jetzt nur noch mühsam am Boden kriechen. Aber seine Familie, auch sein Vater, hat erkannt, dass er zur Familie gehört und man ihn „dulden" (HL S. 35/R S. 44) muss. Sie lassen daher abends die Tür zum Wohnzimmer offen, sodass Gregor ihr Familienleben beobachten kann.

So stellt er fest, dass der Vater auch zu Hause seine Uniform trägt, abends müde nach Hause kommt und bald im Sessel einschläft. Die Mutter und Gregors Schwester arbeiten inzwischen auch. Die Mutter näht für ein Modegeschäft, die Schwester arbeitet als Verkäuferin und lernt abends Stenografie und Französisch, um später einmal einen besseren Posten zu erreichen.

Besorgt muss Gregor feststellen, dass es seiner Familie trotz ihrer Arbeit schlechter geht. Sie müssen sogar Schmuckstücke verkaufen und das Dienstmädchen entlassen. Eine kleinere Wohnung können sie nicht nehmen, weil sie angeblich nicht wissen, wie sie mit Gregor umziehen sollen.

Gregor erinnert sich oft an sein Leben vor der Verwandlung, kann vor Kummer nicht mehr schlafen und kaum noch etwas essen. Außerdem vernachlässigt ihn seine Schwester immer mehr. Sie versorgt ihn nur noch sehr lieblos mit Essen und reinigt sein Zimmer nicht mehr richtig. Allerdings besteht sie darauf, Gregors Zimmer alleine aufzuräumen. Als die Mutter es trotzdem einmal gründlich säubert, reagiert Gregors Schwester gekränkt und beschwört einen Familienkrach herauf, den Gregor, da niemand die Wohnzimmertür geschlossen hatte, verängstigt miterleben muss.

Die neue Bedienerin entdeckt eines Tages durch Zufall Gregor. Sie fürchtet sich jedoch nicht vor ihm, beobachtet ihn zunächst nur erstaunt, um ihn dann zu hänseln und ständig zu stören.

3.2 Inhaltsangabe

Gregor isst kaum noch etwas. Sein Zimmer wird immer mehr zur Rumpelkammer, da die Familie ein Zimmer an drei Untermieter („Zimmerherren") vermietet hat. Diese ertragen keine unnützen oder gar schmutzigen Sachen und haben z. T. ihre eigenen Einrichtungsgegenstände mitgebracht, sodass alles Unnütze und Schmutzige in Gregors Zimmer landet.

Die Familie vernachlässigt Gregor immer mehr. Ihre ganze Aufmerksamkeit gilt nun den drei Zimmerherren, die sie fast unterwürfig bedienen. Als Gregors Schwester eines Abends Violine spielt, erregt das die Aufmerksamkeit der drei Untermieter. Sie bitten sie, ihnen vorzuspielen. Gregors Schwester und besonders ihre Eltern kommen ihrer Bitte mit unterwürfigem Stolz nach.

Auch Gregor fühlt sich von der Musik ergriffen und kriecht langsam ins Wohnzimmer. Dabei stellt er fest, dass die Zimmerherren das Interesse am Violinespiel der Schwester bereits verloren haben und ihrer sogar überdrüssig sind. Gregor ist darüber sehr verärgert und will zu seiner Schwester kriechen, um sie zu bitten, in seinem Zimmer nur für ihn zu spielen.

Als die Untermieter Gregor entdecken, der aufgrund der Vernachlässigung total verschmutzt ist, sind sie amüsiert und schockiert. Sie kündigen empört, weigern sich sogar, ihre noch ausstehende Miete zu zahlen, und drohen Gregors Vater mit Schadenersatzansprüchen. Als die Zimmerherren das Wohnzimmer verlassen haben, fallen die Eltern erschöpft in die Sessel. Gregors Schwester aber lässt ihrem Zorn und ihrer Aggression gegen Gregor freien Lauf und fordert, ihn loszuwerden. Das Ungeziefer sei nicht mehr ihr Bruder, denn der hätte nie zugelassen, dass die ganze Familie derart unter seiner Existenz zu leiden habe. Man habe lange genug alles Menschenmögliche für ihn getan, aber jetzt müsse man ihn loswerden.

3.2 Inhaltsangabe

Gregor ist gekränkt und traurig, aber auch einsichtig und quält sich mühsam unter Schmerzen in sein Zimmer zurück. Kaum ist er in seinem Zimmer, wirft die Schwester die Tür zu und schließt sie ab. Gregor bricht zusammen. Er denkt voll Liebe und Rührung an seine Familie und ist auch der Meinung, dass er verschwinden müsse. Am frühen Morgen stirbt er.

Als die Bedienerin am Morgen in sein Zimmer kommt, glaubt sie zunächst, er spiele den Beleidigten. Aber nachdem sie ihn mit dem Besen hin und her geschoben hat, erkennt sie, dass er tot ist.

Gregors Eltern und seine Schwester reagieren auf seinen Tod zunächst mit Erleichterung, aber dann auch mit (etwas) Mitgefühl und Trauer. Als die Zimmerherren, die noch nicht ausgezogen sind, nach ihrem Frühstück verlangen, wirft Gregors Vater sie mit neu gewonnener Autorität aus der Wohnung.

Die Familie nimmt Gregors Tod zum Anlass, an diesem Tag nicht zur Arbeit zu gehen. Sie schreiben je einen Entschuldigungsbrief an ihre Chefs und fahren ins Grüne.

Zufrieden beschließt die Familie, die Bedienstete zu entlassen und sich eine kleinere und günstigere Wohnung zu nehmen. Auch ihre finanzielle und berufliche Situation erscheint ihnen zukunftsträchtig. Die Eltern entdecken stolz, dass ihre Tochter trotz der Belastung der letzten Zeit zu einem „schönen und üppigen Mädchen aufgeblüht" (HL S. 50/R S. 63) ist, und denken daran, sie nun auch bald zu verheiraten.

3.3 Aufbau

Die Grundstruktur der Handlung

Kapitel I (HL S. 5–19/R S. 5–23)	Kapitel II (HL S. 19–35/R S. 24–44)	Kapitel III (HL S. 35–50/R S. 44–63)
Gregors Auseinandersetzung mit der eigenen Existenz (Verdrängungsversuche)	Gregors Verhältnis zu seiner Familie und allmähliche Annahme der tierischen Existenz	Gregors Vereinsamung und Tod
Höhepunkt: Gregor zeigt sich in seiner Käfergestalt	**Höhepunkt:** Gregor wird vom Vater „gejagt" und verletzt	**Höhepunkt:** Gregors letzter „Ausbruchsversuch" in Familie und Menschsein (letzter „Erlösungsversuch")

Kafkas Erzählung *Die Verwandlung* ist streng aufgebaut. Sie besteht aus drei seitenzahlmäßig fast gleich langen Kapiteln, die auch einen vergleichbaren **Aufbau** haben:

> „Jeder Teil wird eingeleitet durch einen Ausbruchsversuch Gregors und endet mit einer gesteigerten Erfahrung der Ausgrenzung und Zurückweisung durch die Familie."[41]

Das letzte Kapitel endet schließlich mit der endgültigen Ausgrenzung Gregors, seinem Tod, der Entsorgung seines „Kadavers" und dem Ausflug der „befreiten" Familie. Die Kapitel sind neben ihrem

---

41 Karl-Heinz Fingerhut: *Die Verwandlung*, S. 57

3.3 Aufbau

vergleichbaren Aufbau auch durch ihren jeweiligen „**thematischen Schwerpunkt**" strukturiert.[42] Steht in **Kapitel I** Gregors Auseinandersetzung mit seiner verwandelten Existenz und „den widersprüchlichen Bedingungen seiner Lebensweise, seines neuen und seines bisherigen Daseins",[43] im Mittelpunkt, so geht es in **Kapitel II** vor allem um Gregors Verhältnis zu den einzelnen Mitgliedern seiner Familie (Schwester, Vater, Mutter) und der allmählichen Annahme seiner Käferexistenz. In **Kapitel III** entfernt sich Gregors Familie immer mehr von ihm. „Er bewegt sich selbst in Richtung Musik und Tod."[44]

Parallel zu dieser Entwicklung geht Gregors ständige innere (Weiter-)Verwandlung vom Menschen zum Käfer einher. Muss anfänglich Gregors Bewusstsein zunächst seine körperliche Metamorphose in einen Käfer erst noch richtig erfassen und wahrnehmen, so wandelt sich sein Verhalten immer mehr ins Käferhafte (vgl. u. a. HL S. 20, 28, 41/R S. 27, 35, 50).

Bis zum Schluss bleibt allerdings offen, „wieweit ... Gregor in der veränderten Situation eine neue Identität erlangen bzw. wieweit er äußerliche Erscheinung und Denken [wirklich] miteinander in Einklang bringen kann."[45]

Übersicht und Chronologie der Kapitel

Die Handlung spielt im Verlauf von etwa drei bis vier Monaten, zwischen kurz vor Weihnachten und dem Frühjahr des nächsten Jahres.[46]

---

42 Vgl. hierzu auch Große, S. 31ff.
43 Große, S. 32
44 Große, S. 32
45 Große, S. 33
46 Vgl. dazu auch: Walter Sockel: Franz Kafka, S. 108f.

3.3 Aufbau

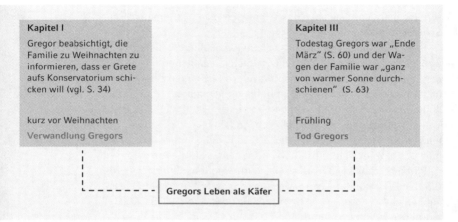

Örtlichkeiten:
Die Erzählung spielt ausschließlich in der Wohnung der Familie Samsa. Erst nach Gregors Tod wird von einem Ausflug der Eltern und der Schwester berichtet. Gregors Verwandlung geschieht in seinem Zimmer. Es wird zu seinem „Lebensraum". Er versucht mehrfach „auszubrechen", um wieder am menschlichen Leben innerhalb seiner Familie teilzunehmen. Jeder dieser Versuche endet jedoch mit einem „Zurücktreiben" in sein Zimmer.

3.3 Aufbau

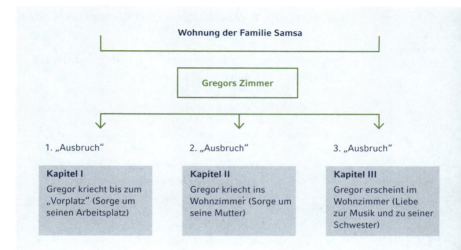

3.4 Personenkonstellation und Charakteristiken

ZUSAMMENFASSUNG

In *Die Verwandlung* treten nur sehr wenige Personen auf. Das Geschehen spielt sich im Wesentlichen innerhalb der Familie Samsa ab. Die übrigen Personen (Prokurist, Zimmerherren, Bedienstete) sind nur Statisten.

Ausführlich behandelt wird daher die Familie Samsa: Gregor Samsa, der ursprüngliche Ernährer der Familie, der sich in einen Käfer verwandelt, sowie seine Eltern und seine Schwester, die sich nach der Verwandlung emanzipieren.

Gregor Samsa:
- → ca. 30 Jahre alt, unzufrieden mit seinem Beruf
- → autoritätsgläubig, unfähig zu kritischer Reflexion
- → gehemmtes Verhältnis zu Frauen
- → verantwortungsbewusst, autoritär

Grete (die Schwester):
- → zunächst: verwöhntes bürgerliches 17-jähriges Mädchen
- → musikalisch, fürsorglich
- → später: realistisch, dominant

Vater:
- → zunächst: scheinbar schwächlicher älterer Mann
- → aber: autoritär und patriarchalisch

Mutter:
- → setzt sich für Gregor ein
- → aber: schwach und „ohnmächtig"

3.4 Personenkonstellation und Charakteristiken

Prokurist:
→ autoritär und intrigant
→ „Damenfreund", Feigling

Die drei Zimmerherren:
→ selbstherrlich, feige

Die eindeutige „Zentralfigur" der Erzählung ist Gregor Samsa. Die ganze Handlung ist auf ihn bezogen und wird (bis auf die wenigen Stunden nach seinem Tod) aus seiner Sicht (monoperspektivisch) wiedergegeben (s. auch Kapitel 3.6).

Das Geschehen in *Die Verwandlung* spielt im engsten Kreis der Familie Samsa und ist geprägt durch die sich verändernden Positionen Gregors und seiner Familie (hier besonders seines Vaters und seiner Schwester). Der Prokurist, die Dienstmädchen sowie die drei Zimmerherren haben nur „Statistenrollen".

Ist Gregor vor der Verwandlung (scheinbar) der Mittelpunkt der Familie, Ernährer und Familienoberhaupt, von dem der Rest der Familie abhängig ist, so wird er nach der Verwandlung immer mehr zum isolierten Außenseiter, zum lästigen und belastenden Anhängsel, dessen man sich schließlich entledigt, um „aufsteigen" und sich „befreien" zu können.

In dem Maße, wie Gregors Stern sinkt, steigen der seines Vaters und der seiner Schwester auf.

Grafisch kann man dieses Beziehungsgeflecht und seine Veränderung folgendermaßen darstellen:

3.4 Personenkonstellation und Charakteristiken

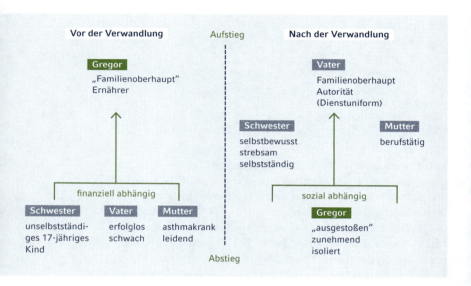

Gregor Samsa

Ernährerfunktion

ist ein ca. 30-jähriger Reisender in Textilwaren. Mit seiner Arbeit ernährt er auch seine Eltern und seine Schwester. Zugleich zahlt er die Schulden seiner Eltern bei seinem Chef ab. Durch diese Ernährerfunktion ist er auch so etwas wie das Familienoberhaupt, da sein Vater erfolglos und schwerfällig erscheint (vgl. u. a. HL S. 26, 33f./R S. 32, 42). Nach seiner Verwandlung ist für Gregor nicht seine Käfergestalt das Hauptproblem, sondern seine berufliche Situation. Er hasst seinen Beruf und würde gerne kündigen, ist aber durch die Schulden seiner Eltern gezwungen, in seinem Beruf auszuharren (vgl. HL S. 6/R S. 6). Gregor nimmt diese Situation aber ohne Murren an. Sein aufopfernder, bedingungsloser Einsatz

3.4 Personenkonstellation und Charakteristiken

für das Wohl seiner Familie wird von dieser allerdings als etwas Selbstverständliches hingenommen und eine „besondere Wärme" (HL S. 25/R S. 30) in ihrer Beziehung besteht nicht. Aber Gregor verklärt seine Familiensituation, und selbst als er feststellen muss, dass sein Vater ihn hintergangen und heimlich Geld beiseite geschafft hat, erregt das nicht seinen Unmut, sondern er freut sich, dass seine Familie von diesem Geld noch einige Zeit leben kann (vgl. HL S. 24ff./R S. 30, 32).

„Gregor erscheint dem Leser als ein Mensch, der ein gestörtes Verhältnis zur Außenwelt – hier repräsentiert durch die Familie – und zu sich selbst hat. Somit haben wir eine Persönlichkeit vor uns, die kein Bewusstsein für ihr zugefügtes Unrecht entwickelt, geschweige denn sich dagegen zur Wehr setzen kann; bei der – umgekehrt – Schuldgefühle ausgelöst werden, welche die Aufmerksamkeit vom schuldhaften Verhalten ab- und auf das eigene Ich hinlenken."[47]

Etwas anders verhält es sich im beruflichen Bereich. Hier erkennt Gregor sehr wohl die ausbeutende Unmenschlichkeit seiner Situation (vgl. u. a. HL S. 6, 10/R S. 7, 11) und hat sogar aggressive, fast schon rebellische **Gedanken** (vgl. HL S. 6, 10/R S. 6, 11). Aber in seinem **Handeln** erweist Gregor sich als autoritätsgläubig und unterwürfig (vgl. u. a. HL S. 12f./R S. 14f.). Er bleibt „eine Kreatur des Chefs, ohne Rückgrat ..." (HL S. 6/S. 7), die es aus Angst vor ihm und dem Krankenkassenarzt nicht wagt, sich krank zu melden, obwohl ihr Zustand alles andere als gesund ist. Aus Angst und Sorge um seine Familie ist Gregor so zunächst auch nicht bereit, seine Verwandlung richtig zu registrieren.

---

[47] Brück, S. 32

3.4 Personenkonstellation und Charakteristiken

Engeren Kontakt zu Personen außerhalb der Familie hat Gregor nicht. Seine Kollegen bleiben ihm fremd und er neidet ihnen sogar ihren (vermeintlichen) Erfolg (vgl. HL S. 6/R S. 6), besonders da er selbst, obwohl er „nichts im Kopf als das Geschäft" (HL S. 11/R S. 13) hat, bei seinem Chef keine Anerkennung findet.

Selbst in seiner Freizeit geht Gregor nicht aus, sondern bleibt zu Hause und geht „Hobbys" nach, für die er keine Gesellschaft braucht: Zeitung lesen, Fahrpläne studieren und Laubsägearbeiten (vgl. HL S. 11/R S. 13).

Gregors Verhältnis zu Frauen

Gregors Verhältnis zu Frauen scheitert, wie etwa seine ernsthaften Bemühungen um eine Kassiererin aus einem Hutgeschäft, an seiner Schwerfälligkeit und Trägheit (vgl. HL S. 38/R S. 47) oder bleibt auf einer merkwürdigen, fast infantilen Ebene, wie beim Illustriertenbild der Dame mit Pelz, das er ausschneidet und rahmt. Dieses Verhalten erinnert mehr an das Starfotoaufhängen von Jugendlichen als an das Verhalten eines erwachsenen Mannes.

> „Dies alles ergibt den Typ nicht nur des gehemmten Junggesellen, sondern auch des ‚geistig obdachlosen' Angestellten ..., der sich mangels eigener charakterlicher Festigkeit in einer Leutnantsuniform noch am wohlsten fühlt und darin ‚sorglos lächelnd' jene Autorität verkörpert, vor der er im zivilen Leben kuschen würde. Nicht als Persönlichkeit, sondern ‚für seine Haltung und Uniform' erwartet ein solcher Mensch ‚Respekt'."[48]

Schwester Grete

Die engste emotionale Bindung hat Gregor noch zu seiner Schwester Grete Als er morgens die Tür nicht öffnet, ist sie die Einzige, die um Gregor richtig besorgt ist und ihm Hilfe anbietet (vgl. HL S. 7/R S. 8). Nach seiner Verwandlung kümmert sich allein seine Schwes-

---

[48] Abraham, S. 31

3.4 Personenkonstellation und Charakteristiken

ter um Gregor, reinigt sein Zimmer und versorgt ihn mit Essen. Gregor seinerseits war bereit, der Schwester einen Konservatoriumsbesuch zu finanzieren, auch gegen den Willen des Vaters, und sie so ihren Neigungen nach zu fördern. Betrachtet man dieses Verhältnis Gregors zu seiner Schwester aber etwas genauer, so kann man auch noch andere Aspekte entdecken. Als seine Schwester den drei Zimmerherren vorspielt, fühlt sich Gregor, der vor seiner Verwandlung kaum Interesse an Musik hatte, ergriffen und zu seiner Schwester hingezogen, die er am liebsten in sein Zimmer gelockt hätte. „... denn niemand lohnte hier das Spiel so, wie er es lohnen wollte" (HL S. 43/R S. 53). Dort wollte Gregor ihr erklären, dass er sie aufs Konservatorium schicken wollte und er „würde sich [dann] bis zu ihrer Achsel erheben und ihren Hals küssen" (HL S. 43/R S. 54).

„Sieht man die in Aussicht gestellte ‚Belohnung' im Zusammenhang mit dem ... Zitat, so wird klar, dass es sich dabei nicht – jedenfalls nicht nur – um das Studium am Konservatorium handeln kann, sondern erotische Absichten im Spiel sein müssen; so ließe sich auch die These halten, die plötzliche Abwendung Gretes geschehe aus Eifersucht. Beide Beobachtungen würden es erlauben, ein inzestuöses Verhältnis zwischen Gregor und Grete anzunehmen, wobei freilich die Erzählung keinen Aufschluss darüber gibt, wieweit dieser Inzest geht."[49]

Gregors Schwester Grete

ist ein 17-jähriges Mädchen, deren Hauptbeschäftigung vor Gregors Verwandlung daraus bestand, „sich nett zu kleiden, lange zu schlafen, in der Wirtschaft [d. h. im Haushalt, Anm. des Verfas-

---

49 Brück, S. 31

3.4 Personenkonstellation und Charakteristiken

sers] mitzuhelfen, an ein paar bescheidenen Vergnügungen sich zu beteiligen und vor allem Violine zu spielen" (HL S. 26/ R S. 32). Dieses sorglose Leben einer verwöhnten höheren Tochter führt dazu, dass Grete den Eltern „als ein etwas nutzloses Mädchen" (HL S. 28/R S. 34) erscheint und auch Gregor sie als „Kind" (HL S. 28/R S. 32) bezeichnet. Im Gegensatz dazu steht allerdings sein Wunsch, die Schwester vermöge es, den Prokuristen, einen „Damenfreund" (HL S. 17/R S. 20), am Gehen zu hindern (vgl. HL S. 17/R S. 20f.).

Grete sorgt nun für Gregor

Nach Gregors Verwandlung ist seine Schwester die Einzige, die sich um ihn kümmert. Sie bringt ihm Essen und reinigt sein Zimmer. Grete zeigt damit Verantwortungsbewusstsein und macht so einen ersten Schritt in die Selbstständigkeit hin zum Erwachsensein. Sie gewinnt dadurch aber auch innerhalb der Familie eine neue Position, die sie verteidigt, indem sie bestimmt, was mit Gregors Zimmer geschieht.

Allerdings ist ihre Fürsorge bei genauerem Betrachten kaum echte Zuwendung oder wirkliches Interesse am Zustand ihres Bruders. Grete erhält Gregor zwar am Leben, aber der von Gregor ersehnte zwischenmenschliche Kontakt erfolgt weder durch eine direkte Ansprache noch durch Blickkontakt.

Diese einseitige Beschränkung auf Gregors physische Bedürfnisse zeigt sich auch in Gretes Idee, Gregors Zimmer auszuräumen, um ihm mehr „Krabbelfläche" zu verschaffen. Seine psychischen Bedürfnisse, seine Möbel als letzte Erinnerung an seine menschliche Existenz zu behalten, will sie nicht sehen. So treibt sie die Isolation Gregors weiter voran. Ihr Verhalten Gregor gegenüber ähnelt weniger geschwisterlichem Verhalten als vielmehr dem Verhalten, das man Haustieren gegenüber zeigt.[50]

---

50 Vgl. Thomas Rahner: *Franz Kafka: Die Verwandlung*, S. 46

3.4 Personenkonstellation und Charakteristiken

Im Verlauf der Erzählung schwindet Gretes anfängliche Sorge um ihren Bruder immer mehr: „Je lästiger ihr die Versorgung Gregors wird, desto mehr vernachlässigt sie ihn."[51] So macht auch Gregors Schwester im Verlauf der Erzählung eine (Ver-)Wandlung durch: „Während sie anfangs noch eine potenzielle Erlöserin zu sein scheint ..., tritt sie am Schluss als Richterin auf, die das Urteil spricht."[52]

Im Verlauf der Erzählung schwindet Gretes anfängliche Sorge um ihren Bruder

Der Grund für diesen radikalen Wandel in ihrer Einstellung zu Gregor lässt sich nicht eindeutig benennen. Sicherlich ist es einmal ihr immer stärker werdender Widerwille gegen das „Ungeziefer", in dem sie ihren Bruder nicht mehr erkennen kann und will. Andererseits brechen ihre negativen Gefühle gegenüber ihrem Bruder erst dann deutlich hervor, als er mit seinem Erscheinen die Mutter so erschreckt hat, dass sie in Ohnmacht fällt. Erstmals seit seiner Verwandlung spricht Grete ihren Bruder an und wirft ihm „eindringlich ... Blicke" (HL S. 32/R S. 40) zu.

Die Erklärung gegenüber dem Vater für die Ohnmacht der Mutter: „Gregor ist ausgebrochen" (HL S. 33/R S. 41), zeigt ihr Verhältnis zu Gregor deutlich. Es ist bestenfalls noch das Verhältnis zu einem (Haus-)Tier, wobei nicht Gregor **aus**gebrochen war, sondern Grete und ihre Mutter in Gregors Zufluchtsort **ein**gebrochen waren.

Als Grete und ihre Mutter Gregor sehen, sitzt er auf dem Bild mit der Dame im Pelz, das Gregor bereit ist, auch gegen seine Schwester zu verteidigen. Das legt die Frage nahe, warum Grete angesichts dieses Bildes und des Verhaltens ihres Bruders so aggressiv reagiert.

---

51 Thomas Rahner: *Franz Kafka: Die Verwandlung*, S. 47
52 Reinhard Meurer: *Franz Kafka: Erzählungen*, S. 57

3.4 Personenkonstellation und Charakteristiken

„Bedenkt man den ‚Alleinvertretungsanspruch' der Schwester für Gregor, auf dem schließlich ihre Position innerhalb der Familie beruht, so könnte sie die Dame als Gefährdung ihrer Machtstellung begreifen, auch wenn zu dieser Befürchtung kein realer Anlass besteht. Ob darüber hinaus ein inzestuöses Verlangen, das wir für Gregor nicht ausschließen konnten, auch für sie zutrifft, lässt sich nicht mit Sicherheit behaupten, da die Erzählperspektive keinen Einblick in ihr Innenleben gewährt. Man kann die Möglichkeit einer erotischen Rivalität zumindest nicht von der Hand weisen, wenn auch dem Leser keine tatsächlichen Reaktionen Gretes auf den Besitzanspruch ihres Bruders bekannt sind."[53]

Grete fordert Gregors Beseitigung

Es ist schließlich Grete, die im „Familienrat" Gregors Beseitigung fordert Sie versucht dem Vater klar zu machen, dass das Tier mit Gregor nichts mehr gemein hat, und unterstreicht die Distanz auch durch das Personalpronomen „es". Sprachlich verdeutlicht sie so „den Entfremdungs- und Ablösungsprozess ... gegenüber ihrem Bruder, der für sie alle menschlichen Züge verloren hat."[54]

So fühlen sie und ihre Eltern sich nach Gregors Tod befreit, Grete auch von der Fürsorge für Gregor, aber ebenfalls von seiner Fürsorge für sie. Sie kann sich nun selbst entfalten vom Kind zu einem „schönen und üppigen Mädchen" (HL S. 50/R S. 63).

Damit übernimmt Grete (und nicht der Vater) am Ende die Position Gregors, „weil ihre jugendliche Schönheit ein in die Zukunft investierbares ‚Kapital' darstellt."[55] Allerdings zeigt der Wunsch der Eltern, sie bald als Ehefrau eines „braven Mann[es]" (HL S. 50/R S. 63) zu sehen, dass Gretes emanzipatorische Versuche

---
53 Brück, S. 42
54 Rahner, S. 47
55 Brück, S. 43

3.4 Personenkonstellation und Charakteristiken

(Verkäuferin, Erlernen von Stenografie und Französisch für eine bessere Position) keinen Raum in im Zukunftsbild der Eltern haben, sondern Grete vielmehr dem üblichen weiblichen Rollenklischee der damaligen Zeit entsprechen soll.

Gregors Vater
ist vor der Verwandlung Gregors ein scheinbar schwächlicher älterer Mann, der nach einem mühevollen, doch erfolglosen (Berufs-)Leben und dem Zusammenbruch seines Geschäfts von seinem Sohn finanziell abhängig in seiner Familie dahinlebt (vgl. u. a. HL S. 26, 33f./R S. 32, 42). Sieht man aber genauer hin, so erhält das Bild des senilen, hinfälligen, alten Mannes ganz andere Züge. Der Vater ist zwar alt, aber durchaus gesund (könnte also arbeiten). Er ist durch 5-jährige (berufliche) Untätigkeit – quasi von seinem Sohn finanzierte „Ferien" (HL S. 26/R S. 32) – bequem und fett geworden (vgl. HL S. 26/R S. 32). Dabei stellt sich schnell die Frage, ob der Vater, der meist den ganzen Tag im Schlafrock im Lehnstuhl sitzt (vgl. HL S. 34/R S. 42) und bestenfalls an „ein paar Sonntagen im Jahr" und „den höchsten Feiertagen" (HL S. 34/R S. 42) im Schutz seiner Familie mühsam vor die Tür geht, so schwach ist oder nur so schwach **erscheinen** will. Der Vater zeigt nämlich auch ganz andere Züge: Gleich in der ersten Szene der Erzählung klopft der Vater mit der **Faust** an Gregors Tür und schickt, als Gregor nicht öffnet, nach einem Schlosser. In Gregors Abwesenheit bestimmt der Vater, welche außerfamiliären Informationen die Familie bekommt, denn **er** pflegt seiner Frau und seiner Tochter „mit erhobener Stimme" (HL S. 20/R S. 25) aus der Zeitung **vor**zulesen. Auch der Prokurist scheint die wahre Position des Vaters zu spüren, als er zu Gregor von dessen „**Herren** Eltern" [Hervorhebung durch den Verf.] (HL S. 12/R S. 14) spricht.

Bequem und fett

3.4 Personenkonstellation und Charakteristiken

Nach Gregors Verwandlung treten diese Züge des Vaters noch deutlicher hervor. Als Gregor versucht, ins Wohnzimmer zu kommen (jedes Mal mit durchaus edlen Motiven, einmal um den Prokuristen aufzuhalten und sein Verhalten zu erklären, einmal aus Sorge um die Mutter), wird er jedes Mal vom Vater mit wachsender Brutalität in sein Zimmer zurückgetrieben. Beim ersten Mal erscheint der Vater Gregor stock- und zeitungsbewaffnet, ihn mit Zischlauten vorwärts (bzw. rückwärts) treibend „wie ein Wilder" (HL S. 18/R S. 22). Beim zweiten Mal treibt der Vater ihn erst „mehrmals ... um das Zimmer" (HL S. 34/R S. 42 f.), bis Gregor mit „Atemnot" ermüdet „dahintorkelt" (HL S. 34/R S. 43) (Dabei weiß der Vater, dass Gregor „keine ... vertrauenswürdige Lunge" (HL S. 34/R S. 43) besitzt). Erst jetzt bewirft der Vater Gregor mit Äpfeln, um ihn endgültig in sein Zimmer zu vertreiben, und verletzt ihn dabei schwer. All das

„lässt sich zum Bild eines Menschen zusammenfassen, der ohne Gespür für die jeweilige Situation und den Zustand seines Sohnes mit äußerster Brutalität vorgeht, um diesen in seine Schranken zu weisen und über ihn triumphieren zu können; in den beiden Szenen am Ende des ersten und des zweiten Teils gewinnt die Rächergestalt des Vaters barbarische Züge und die Art seines Vorgehens, seine unbeeinflussbaren Aktionen und Bewegungen erinnern an eine Maschine, jedenfalls an eine unpersönlich-anonyme Instanz."[56]

Aber der Vater geht noch weiter, um Gregor seine Überlegenheit zu demonstrieren. Als er nach Gregors zweitem „Ausbruchsversuch" seinen Sohn mit Äpfeln bewirft, um ihn ins Zimmer zu trei-

---

56 Brück, S. 36

3.4 Personenkonstellation und Charakteristiken

ben und ihn dabei erheblich verletzt, kommt die Mutter aus dem Zimmer gestürmt, um ihren Sohn zu retten. Da sie ohnmächtig war und Grete sie entkleidete, um ihr das Atmen zu erleichtern, ist sie nur mit dem Hemd bekleidet. Auf dem Weg zum Vater gleiten „die aufgebundenen Röcke einer nach dem anderen zu Boden" (HL S. 35/R S. 44). Schließlich **dringt** sie über die Röcke stolpernd auf den Vater **ein** und bittet ihn, „in **gänzlicher Vereinigung** mit ihm" [Hervorhebung durch den Verf.] (HL S. 35/R S. 44), um Gregors Leben. Gregors „Sehkraft" versagt bei dieser Szene.

Es fällt nicht schwer (verdeutlicht durch Kafkas Wortwahl), diese Szene als Sexualakt der Eltern zu deuten, den Gregor beobachten muss und der all seine Sehkraft (d. h. wohl sein Auffassungsvermögen) versagen lässt. [57]

Der Vater zeigt sich (wieder) als der potente Mittelpunkt der Familie. Gregor ist nur noch ein hilfloses impotentes Ungeziefer, das sich bestenfalls noch auf weibliche Illustriertenbilder setzen kann (vgl. HL S. 32/R S. 40).

Fragt man nach den Gründen für dieses Verhalten des Vaters, so liegt die Vermutung nahe, dass es hier um die Rivalität zwischen Vater und Sohn, um die Machtposition innerhalb der Familie geht.[58] Auch dass der Vater ein kleines Vermögen ohne Wissen Gregors und auf dessen Kosten heimlich beiseite geschafft hat, zielt in die gleiche Richtung. Die

„scheinbare Senilität zu Beginn der Erzählung täuscht [nämlich] leicht darüber hinweg, dass er, ganz in der patriarchalischen Tradition gerade auch der jüdischen Familie, durchaus das Regiment führt."[59]

---
57 Vgl. hierzu auch Brück, S. 29f.
58 Vgl. auch Brück, S. 36
59 Abraham, S. 32

3.4 Personenkonstellation und Charakteristiken

Wird die ethnische Zugehörigkeit der Familie Samsa zwar völlig offen gelassen, so ist doch die Mischung aus deutscher Sprache, aber tschechisch klingendem Namen und keiner ausgeprägten Religiosität „eine für das deutsch assimilierte städtisch-bürgerliche Judentum Prags ... nicht untypische Mischung."[60]

In dem Maße, wie Gregor nach seiner Verwandlung seine (Macht-)Position in der Familie verliert, steigt sein Vater (wieder) zum Familienhaupt auf und erlebt so (zumindest in Gregors Augen) auch eine Verwandlung. Der Vater entwickelt wieder Aktivität (zunächst besonders gegenüber seinem Sohn) und, da er sich hier dem verwandelten Gregor überlegen zeigt, auch neues Selbstbewusstsein. Er plant die weitere, auch finanzielle Zukunft der Familie und sucht sich einen neuen Beruf. Das Zeichen seiner neuen Position, seine Uniform, trägt er nicht nur im Dienst, sondern auch zu Hause.

Endgültig erlangt der Vater seine „Machtposition" in der Familie zurück, als er die drei Zimmerherren energisch und selbstbewusst aus seiner Wohnung wirft (vgl. HL S. 48f./R S. 61). Jetzt ist er auch **nach außen** hin das unangefochtene Familienoberhaupt. In dieser unangefochtenen Stellung kann der Vater nun auch „Schwächen" zeigen, indem er u. a. doch so etwas wie Mitleid und Trauer über die Situation seines Sohnes bzw. dessen Tod (vgl. HL S. 45, 48/R S. 57, 61) oder seine eigenen (körperlichen und nervlichen) Schwächen zeigt (vgl. u. a. HL S. 36, 44/R S. 46, 55), wenngleich das allabendliche „Zubettbringen" schon fast komisch-rituelle Züge annimmt (vgl. HL S. 36f./R S. 46).

Gregors Mutter

Mutter setzt sich für Gregor ein

versucht sich noch am ehesten wirklich für ihren Sohn einzusetzen. Als der Prokurist erscheint, um sich nach Gregors Fernbleiben

---

60 Abraham, S. 32

3.4 Personenkonstellation und Charakteristiken

zu erkundigen, versucht sie ihn durch die Betonung von dem stetigen und uneingeschränkten Einsatz Gregors für die Firma zu beruhigen (vgl. HL S. 11/R S. 13).

Nachdem Gregors Schwester die Pflege seines Zimmers immer mehr vernachlässigt, reinigt die Mutter das Zimmer gründlich, riskierend, dass sie mit der Tochter darüber in Streit gerät (vgl. HL S. 38f./R S. 48). Die Mutter ist auch die Einzige, die betont, dass Gregor noch zur Familie gehört, und die ihn sehen will: „Lasst mich doch zu Gregor, er ist ja mein unglücklicher Sohn!" (HL S. 28/R S. 35). Als sie Gregor schließlich aber in seiner verwandelten Gestalt sieht, kann sie seinen Anblick nicht ertragen und fällt wieder in Ohnmacht (vgl. HL S. 32/R S. 40).

Allerdings ist es auch Gregors Mutter, die den Vater davon abhält, Gregor weiter mit Äpfeln zu bewerfen und ihm damit vermutlich das Leben rettet. Seine Mutter allein erkennt, dass das Mobiliar in Gregors Zimmer die einzige und letzte Verbindung zu seiner menschlichen Existenz ist, und sie weigert sich daher (zunächst), sein Zimmer auszuräumen.

Die Mutter ist aber nicht stark genug, ihre Position gegen Grete und den Vater durchzusetzen. Sie ist körperlich durch ihr Asthmaleiden geschwächt und nicht in der Lage, extreme Situationen zu bewältigen, sie fällt in Ohnmacht.

„Dieses In-Ohnmacht-Fallen, schon in den Novellen und Dramen Kleists regelmäßig Zeichen für die Machtlosigkeit einer Figur in der sie bedrängenden Situation, wird von Kafka gezielt – und deutlich stilisiert – eingesetzt, um die Begrenztheit dieser Person zu signalisieren."[61]

---

61 Abraham, S. 33

3.4 Personenkonstellation und Charakteristiken

Nach Gregors Tod fühlt sich aber auch die Mutter befreit. Sie ist schnell bereit, „endlich die alten Sachen" (HL S. 50/R S. 63) zu vergessen und ihre Aufmerksamkeit dem Familienoberhaupt zu widmen (vgl. HL S. 50/R S. 63).

Der **Prokurist**, die **drei Zimmerherren** und die **Bediensteten** im Hause Samsa sind nur Nebenfiguren, da die eigentliche Handlung in Gregors Familie stattfindet. Sie veranlassen die Familie Samsa jedoch auch zu einem Verhalten, das einen erweiterten Blick auf sie zulässt.

Der Prokurist
ist der verlängerte Arm von Gregors Chef und gibt einen Einblick in Gregors berufliche Welt. Sein Eindringen in Gregors Familie und Privatsphäre zeigt dessen Position in der Firma. Gregor ist nur ein kleiner Reisender, dessen Stellung alles andere als gefestigt ist (vgl. HL S. 12/R S. 14). „Gregor ist einer jener ‚Angestellten', in denen der Chef, samt und sonders Lumpen ...' vermutet und sie auch so behandelt."[62]

Da es aus Gregors beruflichem Verhalten keinen Grund für diese Einschätzung gibt, ist das Verhalten und die Unterstellung des Prokuristen mehr als unverschämt. Dass der Prokurist nicht nur im Namen der Firma, sondern auch der Eltern spricht, resultiert wohl daraus, dass Gregor nicht nur der Ernährer der Familie ist, sondern auch die Schulden seiner Eltern bei seinem Chef abbezahlen muss (vgl. HL S. 6/R S. 6). „So fehlen ein familiärer ‚Schonraum' und eine vor beruflichen Anforderungen gegebenenfalls schützende Privatsphäre."[63]

---

[62] Abraham, S. 33
[63] Brück, S. 48

3.4 Personenkonstellation und Charakteristiken

Die unter dem „Deckmantel der Freundlichkeit" ausgesprochenen Drohungen und Unterstellungen des Prokuristen entbehren jeder Grundlage, zeigen aber auch, dass selbst unter normalen Umständen eine Verständigung zwischen Gregor und Prokurist wohl unmöglich gewesen wäre.[64]

Zudem entpuppt sich der Prokurist als Intrigant, denn was er vorgibt, dem Chef ausgeredet zu haben, hat er – liest man den Text genau – wohl dem Chef geradezu eingeredet: „Ich legte wahrhaftig **fast** mein Ehrenwort dafür ein, dass diese Erklärung nicht zutreffen könne." [Hervorh. durch den Verf.] (HL S. 12/R S. 14)[65] Der Prokurist wird von Gregor zudem als „Damenfreund" (HL S. 17/ R S. 20) charakterisiert, den selbst ein 17-jähriges „Kind" beeinflussen kann (vgl. HL S. 17/R S. 20f.).

Intrigant

Als der Prokurist Gregor schließlich in seiner verwandelten Gestalt erblickt, erweist er sich als schreckhafter Feigling, wobei seine theatralischen Gesten und seine unartikulierten Ausrufe einen besonders karikaturistisch-entlarvenden Kontrast zu seinem vorherigen autoritären, amtlich-präzisen Sprachverhalten und Auftreten bilden.

Die drei Zimmerherren

treten weniger als Individuen denn als Gruppe auf. Sie haben fast gleiches Aussehen, wobei der mittlere Herr als Wortführer fungiert. Obwohl die drei Zimmerherren nur ein Zimmer gemietet haben, okkupieren sie auch das Wohnzimmer, sodass sich die Familie wie Bedienstete in die Küche zurückziehen muss.

---

64 Große, S. 29
65 Vgl. hierzu auch Abraham, S. 33

3.4 Personenkonstellation und Charakteristiken

Sie sind quasi die „Herren" der ganzen Wohnung, denn sie bringen ihre eigenen Möbel mit und spielen sich auch wie launische „Herrscher" auf, die u. a. das Essen in die Küche zurückschicken können, unterwürfige Bedienung erwarten (vgl. HL S. 40f./ R S. 51) und die Tochter zum Musizieren herbeirufen können, aber dann schnell desinteressiert in halblaute Gespräche verfallen, an denen sie die Vermieterfamilie nicht teilnehmen lassen (vgl. HL S. 42/R 52ff.).

Auf das Erscheinen Gregors reagieren sie nicht entsetzt, sondern eher „ein wenig böse" (HL S. 43/R S. 54), und als der Vater sie in ihr Zimmer zurückdrängen will, spielen sie ihre Machtposition aus und kündigen.

Gregors Tod führt nun allerdings zu einer Umkehrung der Position: Der Vater wirft die Zimmerherren hinaus, sie reagieren schließlich mit „Demut" (HL S. 49/R S. 61). Auch ihre Herrscherposition schwindet, bezeichnenderweise erhalten sie noch nicht einmal mehr ein Frühstück.

3.5 Sachliche und sprachliche Erläuterungen

HL S. 5/ R S. 5	Reisender	Handlungsreisender, Vertreter
HL S. 6/ R S. 7	Kasten	(österreichisch): (Kleider-)Schrank
HL S.10/ R S. 11	Prokurist	der mit einer Handlungsvollmacht (Prokura) ausgestattete geschäftliche und rechtliche Vertreter einer Firma
HL S. 12/ R S. 14	paradieren	hier: angeben, sich hervortun, mit etwas prunken
HL S. 12/ R S. 14	Inkasso	Einziehen von Bargeld, besonders von ausstehenden Beträgen von Kunden an Ort und Stelle
HL S 18/ R S. 22	Überzieher	Herrenmantel
HL S. 21/ R S. 26	Kanapee	Sofa mit Rücken und Seitenlehnen
HL S. 24/ R S. 30	Kommis	Nach dem Französischen commis voyageur = reisender Handlungsgehilfe
HL S. 28/ R S. 35	Plafond	(französisch): Zimmerdecke
HL S. 36/ R S. 45	Stenografie	Kurzschrift
HL S. 40/ R S. 50	Zimmerherren	Untermieter
HL S. 40/ R S. 50	Bedienerin	sog. „Zugehfrau", arbeitet nur stundenweise und ist daher billiger als ein im Haus wohnendes Zimmermädchen
HL S. 49/ R S. 62	Principal	Geschäftsinhaber, Geschäftseigentümer
HL S. 50/ R S. 63	Elektrische	elektrische Straßenbahn

3.6 Stil und Sprache

ZUSAMMENFASSUNG

> Kafkas nüchterner, sachlicher **Sprachstil** kontrastiert mit dem fantastischen Geschehen seiner Erzählung.
> Zudem benutzt er einen markanten **Erzählstil**.

Kafkas Sprache steht im Gegensatz zum Inhalt seiner Erzählung. Während er „fantastische Geschehnisse" schildert, verwendet Kafka eine „gehobene Alltagssprache",[66] die „knapp ..., kühl ..., unbeteiligt ..." wirkt.[67] Diese Sprache ist sicherlich auch durch seine Arbeit als Jurist geprägt. Auch hier sind Sachlichkeit und präzise Ausdrucksweise gefordert.

Diskrepanz zwischen Geschehen und Sprache

Die Diskrepanz zwischen der Schilderung eines fantastisch-ungeheuerlichen Geschehens und dem Gebrauch einer sachlichen, kühlen, präzise-nüchternen Sprache, die sich nicht nur in der *Verwandlung*, sondern auch in den anderen Werken Kafkas findet, trägt nicht unwesentlich zum sog. kafkaesken Stil(-Empfinden) bei.[68] Beim Leser bewirkt dieser Stil, der selbst das Fantastische als das Normale schildert, eine Spannung, die ihn unwillkürlich in ihren Bann zieht.

„Die selbstverständliche Einbettung des Ungeheuerlichen ins Alltägliche lässt jene Distanz nicht zu, die er [der Leser] klassischen Horrorgeschichten gegenüber leicht wahren kann."[69]

---

66 Abraham, S. 25
67 Wagenbach, S. 55
68 Vgl. hierzu auch Brück, S. 76
69 Brück, S. 76

3.6 Stil und Sprache

Mindestens genauso markant wie Kafkas **Sprachstil** ist sein **Erzählstil** in *Die Verwandlung*. Wie in einer Kurzgeschichte wird der Leser unmittelbar in die Handlung hineinversetzt. Alles wird aus der Perspektive Gregors erzählt, nur selten (u. a. nach Gregors Tod) kann man so etwas wie auktoriales Erzählen feststellen. Dieses **personale Erzählen**, das den Leser (fast) ausschließlich auf die Sichtweise der Hauptperson, Gregor Samsa, festlegt, bezeichnet man auch als **eigensinniges** oder **monoperspektivisches Erzählen**.[70] Außer durch diesen ganz auf Gregors subjektiv gefärbte Sichtweise (Perspektive) konzentrierten Erzählstil erhält der Leser noch zusätzlich Einblick in Gregors Gefühlsleben durch die erzähltechnischen Mittel des **inneren Monologs** und **der erlebten Rede**.

Ein weiteres Stilelement in Kafkas *Die Verwandlung* ist die fast schon an Stummfilmdarstellungen erinnernde (Selbst-)Charakterisierung der Personen durch Gestik und Mimik. Besonders deutlich wird das in der „Szene", als Eltern und Prokurist den verwandelten Gregor wahrnehmen (vgl. HL S. 15ff./R S. 20ff.), und bei der Darstellung der drei Zimmerherren (vgl. HL S. 40f., 43, 48f./R S. 51, 54f., 60ff.). Bei diesem **szenischen Erzählstil** tritt die Perspektive der Hauptperson ganz in den Hintergrund.

Gestik und Mimik

Im Folgenden werden einige Sprach- und Stilmittel, die Kafka in seiner Erzählung verwendet, in Auswahl kurz vorgestellt:[71]

---

70 Vgl. u. a. Krischel, S. 103
71 Vgl. hierzu u. a. Abraham, S. 26ff., Brück, S. 74ff., Rahner, S. 26f.

3.6 Stil und Sprache

SPRACHLICHE MITTEL/STIL	ERKLÄRUNG	TEXTBELEG
Gebrauch modaler Adverbien, hypotaktische und parataktische Satzkonstruktion	Die Wirklichkeit erscheint als unzuverlässig und Misstrauen erweckend	HL S. 5, 32f./ R S. 5, 41 u. a.
Innere Monologe und erlebte Rede	Häufig objektiv falsche Einschätzung der jeweiligen Situation durch Gregor, die subjektive Wahrnehmung erscheint so fragwürdig; Darstellung von Gregors innerer Aufgewühltheit	HL S. 17/ R S. 20 u. a. HL S. 10/ R S. 11 u. a.
Dialoge	Zeigen das Scheitern einer Verständigung und das Nichtzustandekommen von Kommunikationsprozessen, verdeutlichen die Sprachlosigkeit statt ihre Beseitigung	HL S. 12f./ R S. 14f., 16 u. a.
Detailreiche und korrekte Sprache	Verwehrt dem Leser ein schnelles Aufkommen von Emotionen	HL S. 5, 6/ R S. 5, 6 u. a.
Szenisches Erzählen	Selbstcharakterisierung von Personen, oft komisch-ironische (Selbst-)Entlarvung	HL S. 16f., 22f., 48f./ R S. 20, 21, 29, 60ff. u. a.
Abgerundeter Schluss	In seiner trivialen Beschaulichkeit Entlarvung des falschen klein(spieß)-bürgerlichen Familienidylls	HL S. 50/ R S. 63

3.7 Interpretationsansätze

3.7 Interpretationsansätze

Die Vielzahl der unterschiedlichsten Interpretationsversuche zeigt, wie sehr *Die Verwandlung* den Leser zur Deutung anregt. Wie kann man die Erzählung deuten? Kafka schreibt sich seinen eigenen persönlichen Frust von der Seele (1.), er verwendet die Metapher für alle unterdrückten, verachteten Kreaturen (2.), er erzählt in einer komisch-grotesken Form (3.).

ZUSAMMENFASSUNG

Die Erzählung als:

Der Autor verarbeitet eigene Erlebnisse und Erfahrungen. →	1. biografische Spiegelung
Der Autor benutzt eine Metapher für seine Gesellschaftskritik. →	2. gesellschaftskritische Schlüsselerzählung
Der Autor überspitzt die Wirklichkeit, um ihr gerecht zu werden. →	3. absurde Tragikomödie

Kafkas Erzählung *Die Verwandlung* hat immer wieder zu Interpretationsversuchen herausgefordert. Seine vieldeutige, realistisch-fantastische und komplexe Erzählwelt hat dabei eine Fülle der unterschiedlichsten, sich zum Teil auch widersprechenden Deutungen hervorgebracht. In Angel Flores' Kafka-Bibliografie aus dem Jahr 1976 werden bereits 121 Interpretationen zu dieser Erzählung aufgelistet und bis heute sind noch unzählige Auslegungsversuche hinzugekommen. Allerdings entzieht sich auch dieses Werk Kafkas beharrlich einer **endgültigen** Deutung.

3.7 Interpretationsansätze

Jeder Leser, der sich auf Kafka und sein Werk einlässt, muss für sich eine eigene Deutung finden. Die bisherigen Interpretationsversuche können allerdings „Richtlinien und Orientierungspunkte durch das ‚Labyrinth' von Kafkas ... [literarischer Welt] ... bieten [und] Hilfen bei der eigenen Verständnissuche [sein]."[72]

Es würde allerdings den Rahmen dieser Publikation sprengen, wollte sie auf alle Interpretationsversuche oder auch nur auf die Vielzahl der Interpretationsrichtungen eingehen. Daher kann im Folgenden nur eine (zugegeben subjektive) Auswahl der Deutungsansätze herausgegriffen und kurz vorgestellt werden.

Stark autobiografische Züge

Es ist unverkennbar, dass Kafkas Erzählung „stark autobiografische Züge" aufweist.[73] Nicht nur, dass der Name Samsa als Kryptogramm für Kafka gelesen werden kann, auch Kafka lebte lange Zeit als erwachsener berufstätiger Sohn bei seinen Eltern. Hier erlebte Kafka, wie seine Erzählfigur Gregor, die Dominanz seines Vaters.

„Ich war ja schon niedergedrückt durch Deine bloße Körperlichkeit ... Ich mager, schwach, schmal, Du groß, breit."[74]

Ähnlich empfindet der verwandelte Gregor bei den Konfrontationen mit seinem Vater (vgl. HL S. 33f./R S. 42 u. a.). Wie Gregor wird auch Kafka von seinem Vater gedemütigt.

„Insbesondere seinem Sohn Franz machte er [der Vater] stets schwere Vorwürfe wegen seiner Andersartigkeit. Diese Erfahrungen, dass er in seiner Art und mit seinen Neigungen nicht

---

72 Krischel, S. 107
73 Große, S. 29
74 Kafka: *Brief an den Vater*, S. 122

3.7 Interpretationsansätze

akzeptiert wurde und dass er andererseits den Erwartungen nicht entsprechen konnte ..., prägte die Persönlichkeit Kafkas entscheidend. Innerlich war er von permanenten Angstzuständen, Unsicherheiten, Minderwertigkeits- und Schuldgefühlen und Kontaktschwierigkeiten gedrängt ..."[75]

Besonders erniedrigend und verletzend muss für Kafka der Kommentar seines Vaters zur Mitteilung des Sohnes über seine Verlobung gewesen sein. Kafkas Vater wertet die Gefühle des Sohnes als eine Art sexueller Entzugserscheinung ab und empfiehlt ihm, lieber ins Bordell zu gehen, als eine „Beliebige" zu heiraten, um dann dem Sohn überheblich vorzuschlagen: „Wenn du dich fürchtest, werde ich selbst mit dir gehen."[76]

„Dass sein Sohn Kontaktschwierigkeiten zu Frauen und ein gespaltenes Verhältnis zur Sexualität, Ehe und Familie hatte, wundert daher nicht mehr."[77]

Auch diese persönlichen Erfahrungen Kafkas finden sich bei Gregor Samsa wieder. Auch er ist nicht mehr in der Lage, ein normales Verhältnis zu Frauen aufzubauen, und auch er fühlt sich dem Vater vital und sexuell unterlegen (s. Kapitel 3.4).

Selbst das (zunächst) gute Verhältnis Gregors zu seiner Schwester Grete kann man als literarische Spiegelung des Verhältnisses von Kafka zu seiner jüngeren (Lieblings-)Schwester Ottla deuten. Aber wie bei Gregor kam es auch bei Kafka zu einer Entfremdung zwischen den Geschwistern, als Ottla 1912 wie die Eltern der Mei-

Literarische Spiegelung des Verhältnisses von Kafka zu seiner jüngeren (Lieblings-)Schwester

---

75 Thomas Gräff: *Franz Kafka: Der Proceß*, S. 85f.
76 Kafka: *Brief an den Vater*, S. 52
77 Gräff, S. 86

3.7 Interpretationsansätze

nung war, Kafka müsse sich mehr um die familieneigene Asbestfabrik kümmern. Kafka empfand dieses Verhalten als „Verschwörung" gegen sich.[78]

Dass Kafkas Vater zu dieser Zeit durch geschäftliche Misserfolge und Krankheit gezeichnet war und über Kafka die Gefahr schwebte, bei geschäftlichem Ruin oder einer Verschlimmerung der Krankheit des Vaters an dessen Stelle treten und seinen Lebensstil ändern zu müssen, spiegelt sich in Gregors Lebenslauf wider, der seine militärische Karriere aufgeben musste, um anstelle des Vaters für die Familie den Lebensunterhalt zu verdienen.

Selbst Kafkas Beziehung zur Mutter und ihre Stellung zwischen Mann und Sohn, die er im *Brief an den Vater* folgendermaßen beschreibt,

> „Es ist wahr, dass die Mutter grenzenlos gut zu mir war, aber ... die Mutter hatte unbewusst die Rolle eines Treibers in der Jagd ..."[79],

findet sich nur kaum literarisch verkleidet in *Die Verwandlung* wieder.

So augenfällig diese autobiografischen Spiegelungen sind, so negiert Kafka doch eine Gleichsetzung Gregors mit seiner Person. Er räumt allerdings gewisse Parallelen ein:

> „Samsa ist nicht **restlos** Kafka. ‚Die Verwandlung' ist kein Bekenntnis, obwohl es – in gewissem Sinne – eine **Indiskretion** ist." [Hervorh. durch den Verf.][80]

---

78 Vgl. hierzu auch Brück, S. 66
79 Kafka: *Brief an den Vater*, S. 137
80 Kafka in einem Gespräch mit seinem Freund Janouch, zitiert nach Große, S. 51

3.7 Interpretationsansätze

Kafkas Erzählung jedoch nur als literarische Spiegelung des frustrierten Lebens und der Minderwertigkeitsgefühle des Autors zu sehen, würde sie zu kurz und zu einseitig deuten und damit ihren literarischen Wert schmälern.

Der Käfer (das Ungeziefer) in der *Verwandlung* signalisiert nämlich nicht nur die Minderwertigkeit der Person, die es ersetzt, ihre Entfremdung und ihr Außenseitertum als Spiegelung der persönlichen Situation und der Gefühle ihres Verfassers, sondern kann auch als eine Metapher für das Judentum gedeutet werden.

Käfer (das Ungeziefer) Metapher für das Judentum

So zeigen verschiedene Äußerungen Kafkas, dass schon zu seiner Zeit Juden mit Ungeziefer gleichgesetzt wurden und dass er sich damit auch teilweise identifizierte. In einem Brief an Milena Jesenská etwa schreibt Kafka, dass Juden als „räudige Rasse" bezeichnet worden seien, und fährt fort:

„Ist es nicht das Selbstverständliche, dass man von dort weggeht, wo man gehasst wird? ... Das Heldentum, das darin besteht, dort zu bleiben, ist jenes der Schaben, die auch nicht aus dem Badezimmer auszurotten sind."[81]

Kafka hat die Metapher in seiner Erzählung wörtlich genommen und einen Menschen zum Ungeziefer werden lassen. Herausgekommen ist:

„Eine höchst gelungene Geschichte ... Literatur durch und durch. Aber: gab es nicht auch andere, die eine Metapher beim Wort nahmen und Menschen nicht nur Ungeziefer nannten, sondern sie auch als Ungeziefer behandelten? Zuerst nahmen

---

81 Brief Kafkas an Milena Jesenská vom Nov. 1920, zitiert nach Hans Dieter Zimmermann: *Kafka für Fortgeschrittene*, S. 79f.

3.7 Interpretationsansätze

sie ihnen ihre bürgerlichen Rechte, dann sprachen sie ihnen ihr Menschsein ab, sie waren Ratten, Ungeziefer, das um der Gesundheit des Volkskörpers willen beiseite geschafft werden musste. Die Metapher wurde wörtlich genommen. Aus den Menschen wurden Tiere, aus den Tieren Untiere, aus den Untieren Zeug, das nichts mehr wert war, das man also wegwerfen konnte und musste."[82]

So gesehen beschreibt Kafka

„das Wesen seiner Zeit mit unglaublich scharfem Durchblick ... Während einigen seiner Zeitgenossen schien, seine Texte seien Traumvisionen, dichterische Übertreibungen und fantastische Halluzinationen, konstatieren wir heute mit Erstaunen die Genauigkeit und Nüchternheit dieser Beschreibung."[83]

Die Metapher kann aber nicht nur in Bezug auf das Judentum interpretiert werden, sondern noch weitergehend steht sie für alle (unterdrückten, verachteten) Minderheiten, für den „entfremdeten Großstadtmenschen und Statisten einer Industriegesellschaft" ebenso wie für den „Homosexuellen", den „Gastarbeiter", den „Kranken" oder „Alternden".[84]

Sozial- und gesellschaftskritischer Ansatz

Dieser mehr sozial- und gesellschaftskritische Ansatz lässt sich bei der Figur Gregors aber noch präzisieren. Gleich zu Beginn der Erzählung reflektiert Gregor über die negativen, ausbeuterischen und z. T. sogar unmenschlichen Arbeitsbedingungen, unter denen er offensichtlich leidet (vgl. HL S. 5/R S. 6f.), und der Prokurist, der

---

82 Zimmermann: *Kafka für Fortgeschrittene*, S. 80
83 Karel Kosik: *Das Jahrhundert der Grete Samsa*, S. 187
84 Egon Schwarz: *Nachwort*, S. 73

3.7 Interpretationsansätze

sein Fehlen überprüfen will, bestätigt diese Negativeinschätzung Gregors genau. Gregor glaubt, sich nur durch vollkommene Unterwerfung seinen Arbeitsplatz sichern zu können, empfindet sich selbst als „Kreatur des Chefs, ohne Rückgrat und Verstand" (HL S. 6/R S. 7).

> „Die Entfremdung, die Gregor in seinem Beruf erfährt, führt zur Entfremdung von seinem eigenen ‚Ich'. Die Verwandlung zum Käfer könnte also Folge der unmenschlichen Arbeitsbedingungen sein; eingebunden in innerbetriebliche Mechanismen verliert der Mensch sein ihm eigenes Wesen und verwandelt sich zum Tier."[85]

Aber nicht nur im Beruf, auch in seiner eigenen Familie wird Gregor ausgebeutet und hintergangen. So „darf" er zwar unter Aufgabe seiner eigenen Lebensziele die Familie ernähren, wird aber u. a. über ihre wahre (günstige) Vermögenslage nicht informiert (vgl. HL S. 25f./R S. 31f.). Auch wird ihm in keiner Weise ehrlicher Dank, menschliche Nähe oder angemessene Herzlichkeit entgegengebracht. Sein Einsatz wird im Gegenteil als selbstverständlich gesehen:

> „Man hatte sich eben daran gewöhnt ... man nahm das Geld dankbar an, er lieferte es gern ab, aber eine besondere Wärme wollte sich nicht mehr ergeben." (HL S. 25/R S. 30)

Scheinbar hat Gregor seine Situation akzeptiert, aber in seinen „unruhigen Träumen" (HL S. 5/R S. 5) protestiert er gegen seine Ausbeutung.

---

85 Rahner, S. 51

3.7 Interpretationsansätze

„Gregor protestiert gegen seine Lebensweise als Reisender und der Protest drückt sich sinnfällig in seiner Verwandlung zum Käfer aus, die ihn für jede Reisetätigkeit untauglich macht. Das revoltierende Unterbewusstsein hat sich eine äußere Gestalt geschaffen ... seine abstoßende Käfergestalt bringt seine unglückliche, geknechtete Existenz und seinen lang unterdrückten Protest grotesk zum Ausdruck."[86]

Auf seine Angehörigen wirkt Gregors neue Gestalt (selbst-)entlarvend, die Familie wird durch seine (neue) Existenz als Käfer und den Umgang mit dieser Situation gezwungen, ihr wahres Gesicht zu zeigen:

„Als Ernährer der Familie, dessen ganzes Sinnen und Trachten nur allein auf dieses Ziel gerichtet war, ist Gregor unbrauchbar geworden. Man zeigt ihm, dass man gezwungen ist, nun seinetwegen selbst Geld zu verdienen und ihn doch nicht so ohne weiteres los werden kann. Aber man vernachlässigt ihn, negiert seine menschliche Existenz, indem man kein Wort mit ihm wechselt und mit seinen Möbeln auch die Erinnerung an diese Existenz entfernt. Das Insekt wird zum Stachel im Fleisch der Familie, zu jener Wahrheit, die die Familie verdrängen will. Gregor muss am Ende seine Überflüssigkeit, die völlige Sinnlosigkeit seines Lebens erkennen. Seine Familie, die scheinbar ohne seine Arbeit unfähig war zu überleben, erkennt nach seinem Tod selbstzufrieden, dass sie sehr wohl sich selbst erhalten kann und dass es ihr jetzt nicht schlechter geht als zur Zeit ihres Ernährers Gregor."[87]

---

86 Gerd Sautermeister: *Die Verwandlung*, S. 9904
87 Krischel, S. 27

3.7 Interpretationsansätze

Betrachtet man Gregor und seine Käferexistenz genauer, so fällt die merkwürdige Ähnlichkeit in seinem Denken und Verhalten vor und nach seiner Verwandlung auf. Klagte Gregor vor seiner Verwandlung über das „unregelmäßige, schlechte Essen" und „ein[en] immer wechselnde[n], nie ausdauernde[n], nie herzlich werdende[n] menschliche[n] Verkehr" (HL S. 5/R S. 6), so hat sich in seinem Insektenleben diesbezüglich nichts geändert. Auch Gregors Verhalten bleibt unverändert. Seine hervorstechendste Eigenschaft, seine schon fast krankhafte Rücksichtnahme, sein jeden Anlass zur Sorge oder gar Verdruss vermeidendes „Wohlverhalten" bleibt auch als Käfer dominierende Eigenschaft.

Fast krankhafte Rücksichtnahme dominierende Eigenschaft

Gregor versteckt sich unter einem Laken, um Schwester und Mutter seinen Anblick zu ersparen. Seine größte Sorge ist, die Familie eventuell zu stören: „Das größte Bedenken machte ihm die Rücksicht auf den lauten Krach, den es geben müsste" (HL S. 9/R S. 10f.), wenn er sich aus dem Bett fallen ließe, und selbst sterbend zieht er sich mit letzter Kraft in sein Zimmer zurück, um seiner Familie im Wohnzimmer seinen Anblick zu ersparen (vgl. HL S. 46f./R S. 58f.).

All das legt eine weitere Interpretationsmöglichkeit nahe:

> „Eine Verwandlung hat gar nicht stattgefunden. Gregor Samsa ‚erwacht' eines Tages und erblickt die Wirklichkeit – seinen völlig sinnenthobenen beruflichen Alltag, das Fehlen menschlicher Wärme, die Armut seines Gefühlslebens und nicht zuletzt auch die Entfremdung vom eigenen Körper und seinen Bedürfnissen. Hier hat das Bild des mit den ‚flimmernden' Gliedern hilflos auf dem Rücken liegenden Käfers eine unmittelbare Plastizität. Gregor ignoriert die Schmerzen, wie er seinen Körper ignoriert und wohl stets ignoriert hat."[88]

---

[88] www.xlibris.de (Kafka: *Die Verwandlung*)

3.7 Interpretationsansätze

Abschließend soll noch auf eine Deutung hingewiesen werden, die auf den ersten Blick recht paradox erscheinen mag. Unabhängig von allen möglichen Deutungsansätzen kann man Kafkas *Die Verwandlung* auch als **grotesk-komische** Erzählung sehen. Aber nicht nur *Die Verwandlung*, „auch die Handlung der anderen Erzählungen und Romane Kafkas lässt sich immer wieder als komisch verstehen."[89]

So berichtet Kafkas Freund Max Brod, dass Kafka und seine Freunde beim Vorlesen seiner Werke häufig in herzhaftes Lachen ausgebrochen seien, und auch in *Die Verwandlung* finden sich viele Stellen, die (grotesk) komisch sind.[90] Das geht von „**struktureller Komik**" über „**Situationskomik**", „**verbale Komik**" und „**Erzählerironie**" bis hin zur „**theatralischen Komik**".[91]

So ist die Reaktion der Mutter beim ersten Erscheinen des verwandelten Gregors schon fast slapstickhaft-grotesk (vgl. HL S. 15/R S. 21) und auch die Erscheinung und das Gehabe der drei Zimmerherren wirkt wie aus einem Chaplin-Film. Selbst das Bewerfen des verwandelten Gregors mit Äpfeln durch den Vater wird „skurril, grotesk, geradezu albern-komisch", sobald dem Leser die aberwitzige Situation einer Insektenjagd mit Äpfeln bewusst wird.[92]

Abraham glaubt, dass Kafka hier das jiddische Theater, wie es auch durch seinen Freund, dem ostjüdischen Schauspieler-Regisseur Jizchak Löwy, und seine Theatergruppe vertreten wurde, parodieren wollte.[93]

Es lässt sich jedoch noch eine weitere Deutung für Kafkas gro-

---

89 Vgl. hierzu u. a. Krischel, S. 115ff.
90 S. die Äußerung Max Brods, zitiert nach Michael Müller: *Proceß, Erläuterungen und Dokumente*, S. 95
91 Vgl. hierzu u. a. Abraham, S. 66f.
92 Abraham, S. 67
93 Vgl. Abraham, S. 67ff.

3.7 Interpretationsansätze

tesk-komische Darstellungsweise finden. Die Wirkung dieser Darstellungsweise in vielen Szenen lebt (auch) von „der Differenz der Darstellung des Widersinnigen im Gegensatz zu einer vernünftig geordneten Welt."[94] Aber genau der Einbruch des vernünftig nicht Erklärbaren in die vernünftig-(klein-)bürgerlich geordnete Lebenswelt der Familie Samsa ist ein Element der *Verwandlung*.

So lässt sich auch bei der *Verwandlung* Thomas Gräffs Fazit zu Kafkas grotesker Darstellung im *Proceß* anführen:

> „Nach Kafka haben viele Schriftsteller erkannt, dass sie der modernen Wirklichkeit nur noch mit Absurditäten (z. B. Ionesco, Beckett) oder der Tragikomödie (z. B. Dürrenmatt) begegnen können. Die Übertreibung der Wirklichkeit scheint notwendig zu sein, um ihr nahe kommen und ihr gerecht werden zu können."[95]

---

[94] www.xlibris.de (Kafka: *Der Prozeß*)
[95] Gräff, S. 106

4. REZEPTIONSGESCHICHTE

ZUSAMMENFASSUNG

Die Vieldeutigkeit von Kafkas *Die Verwandlung* spiegelt sich auch in den Rezensionen zu dieser Erzählung wider. Schon früh standen hier die psychologischen Aspekte der Erzählung im Mittelpunkt, aber ebenso findet man geschichtsphilosophische, marxistische und werkimmanente Deutungen.

Die frühen, bereits zu Kafkas Lebzeiten erschienenen Rezensionen zu *Die Verwandlung* betonen besonders die Darstellung des Wunderbaren. So stellt der Literaturhistoriker **Oskar Walzel** Kafkas Erzählung in den Zusammenhang der „Literatur des Wunderbaren" und besonders ihrer deutschen Vertreter.[96] Kafkas Vorbild bezüglich seines Stils und seiner Darstellungsweise glaubt Walzel hingegen in Heinrich von Kleist gefunden zu haben.

Max Brod sieht in Kafkas *Verwandlung* eines der „jüdischsten Dokumente unserer Zeit", in dem Kafka „wunderbar starke Symbole des reuigen Ausgeschlossenheitsbewusstseins, das die Seele des modernen Juden durchtobt", darstellt.[97]

Im Gegensatz zu Brod sieht **Robert Müller** in Kafkas Erzählung eine „saubere, unromantische Erzählkunst", betont aber, dass Kafka dadurch, dass er in der *Verwandlung* Gregor Samsas „alle biomechanische Wahrscheinlichkeit" aufhebt, den „Geschmack" der Leser zu sehr strapaziert und kommt zu dem ablehnenden Ergebnis:

---

96 Berliner Tageblatt v. 6. Juli 1916
97 Der Jude, Okt. 1916

„Die sonst absichtslose Erzählkunst Kafkas, die etwas Urdeutsches, rühmlich Artiges, im Erzählenden Meistersingerliches besitzt, wird durch die hypothetische[n] Flicke[n] auf ihrem schönen Sachgewande deformiert."[98]

Kafka nimmt sich diese ablehnende Kritik Müllers sehr zu Herzen, macht sich aber auch darüber lustig, dass Müller seine Erzählung als „urdeutsch", Brod hingegen als „jüdisches Dokument" sieht.[99] Ironisch schreibt er an Felice: „Ein schwerer Fall. Bin ich ein Circusreiter auf 2 Pferden? Leider bin ich kein Reiter, sondern liege am Boden."[100]

In seiner Besprechung im **Prager Tagblatt** stellt **Eugen Löwenstein** die „psychologischen Aspekte" von Kafkas Erzählung in den Mittelpunkt seiner Besprechung und betont hier besonders das „Vaterproblem". Löwenstein erkennt aber auch schon, dass es sich in Kafkas Erzählung um zwei Verwandlungen handelt, die von Gregor Samsa und die seiner Familie.[101]

Einen Schritt weiter geht einige Jahre später **Helmut Kaiser** in seiner psychoanalytischen Untersuchung zu Kafkas Erzählung. Er sieht *Die Verwandlung* als „Triebdokument des Dichters", in dem Kafka seine Konflikte literarisch verwandelt hat.[102] Allerdings erliegt Kaiser in seiner Interpretation oft der Gefahr, seine Schlüsse (stark reduziert) auf „das einfache Schema ödipaler und genitaler Rivalität" zurückzuführen.[103]

Walter Benjamin lehnt sowohl die psychologische wie auch die psychoanalytische Deutung von Kafkas *Die Verwandlung* ab. Für

---

98 Neue Rundschau, Oktober 1916
99 Vgl. Kafka: *Briefe an Felice*, S. 127
100 Kafka: *Briefe an Felice*, S. 720
101 Prager Tagblatt vom 9. April 1916
102 Imago 17 (1931)
103 Beicken: *Verwandlung*, S. 139

ihn sind diese Interpretationsansätze lediglich zwei Wege, „Kafkas Schriften grundsätzlich zu verfehlen."[104] Benjamin untersucht Kafkas Erzählungen unter dem Gesichtspunkt der Geschichtsphilosophie, „die die heutige ‚Beamtenwelt' und die ‚Welt der Väter' im Sinne der ‚Vorwelt' aufeinander bezieht."[105] Während des Nationalsozialismus gehört Kafka zu den Autoren, deren Werke als „verbrennungswürdig" deklariert werden und die aus den Bibliotheken und Buchhandlungen entfernt werden müssen. Erst nach dem Zweiten Weltkrieg kommen von den im Ausland lebenden Exilierten und Emigranten Anstöße zu einer Neubeschäftigung. Bahnbrechend sind hier vor allem **Günther Anders'** Überlegungen in der **Neuen Rundschau.** Anders lehnt die bisherige Interpretation Kafkas als „Heiliger", „Mythenschmied" oder „Symbolist" usw. ab und bezeichnet ihn vielmehr als „realistischen Fabeldichter":

„nicht dass Georg Sanna [gemeint ist Gregor Samsa] am Morgen als Käfer aufwacht, sondern dass er darin nichts Erstaunenswertes sieht, diese Alltäglichkeit des Grotesken macht die Lektüre so entsetzenerregend."[106]

Auch mit seinen Bemerkungen zu Kafkas „Prinzip der Verbildlichung", dass Kafka die (metaphorischen) Worte quasi beim Wort nimmt und damit „ihren verschütteten Bildsinn wiedererweckt hat", weist Anders der literaturwissenschaftlichen Beschäftigung mit Kafkas Werk neue Wege.[107]

---

104 Walter Benjamin: *Franz Kafka*, S. 423
105 Beicken: *Verwandlung*, S. 139, vgl. ebenso Benjamin, S. 411f.
106 Neue Rundschau 58, 1947
107 Neue Rundschau 58, 1947

Walter H. Sokel gibt in **Monatshefte**[108] eine der Freudschen Theorie verpflichtete Analyse der *Verwandlung* und zieht damit „ein vorläufiges Fazit der im Englischen und Amerikanischen verbreiteten psychologischen und psycho-analytischen Kritik" zu Kafkas Erzählung.[109]

Neben diesen Deutungen ist in den 1950er Jahren aber vor allem die werkimmanente Interpretation von Kafkas Werken weit verbreitet, wie sie sich etwa bei **Edmund Edel** wiederfindet. Er deutet in **Wirkendes Wort** den „Sinn" der *Verwandlung* als „Bekenntnis zum Reich des Geistes" und bringt Gregors Tod auf die Formel „Das Edle schwindet, das Geziefer bleibt."[110]

In seinem marxistischen Deutungsversuch zu Kafkas Werk kommt **Helmut Richter** hingegen zu folgender Interpretation der *Verwandlung*:

„Damit ist die Funktion der Verwandlung geklärt. Verwandelt wird ein Mensch, der vor seiner menschlichen Aufgabe versagt hat und für den deshalb das Äußere eines ekelhaft-parasitären Ungeziefers als gemäße Form der Existenz gelten soll. Das Verhalten seiner Angehörigen zu ihm ist damit nicht nur aus äußeren, sondern auch aus inneren Gründen gerechtfertigt ..."[111]

Werner H. Sokel wiederum deutet *Die Verwandlung* in seiner ideologiekritischen Auslegung als „ausgezeichnetes Beispiel für Kafkas Mythisierung begrifflichen Denkens", denn die Erzählung lässt seiner Meinung nach „den in der modernen Ideengeschichte zentralen Begriff der Selbstentfremdung buchstäblich Ereignis werden."[112]

---

[108] Monatshefte (48) 1956
[109] Beicken: *Verwandlung*, S. 143
[110] Eduard Edel: *Franz Kafka: Die Verwandlung*, S. 219
[111] Helmut Richter: *Franz Kafka: Werk und Entwurf*, S. 113
[112] Werner H. Sokel: *Von Marx zum Mythos*, S. 6

5. MATERIALIEN

Kafka beschreibt in seinem *Brief an den Vater* das Vater-Sohn-Verhältnis aus seiner Sicht, subjektiv gefärbt, wie es auch Gregor gegenüber seinem Vater tut. Im folgenden Abschnitt aus diesem Brief schreibt Kafka, wie die von ihm empfundene „Übermächtigkeit" des Vaters ihn hinderte, sich körperlich zu entfalten:

„Aber da ich keines Dinges sicher war, von jedem Augenblick eine neue Bestätigung meines Daseins brauchte, nichts in meinem eigentlichen, unzweifelhaften, alleinigen, nur durch mich eindeutig bestimmten Besitz war, in Wahrheit ein enterbter Sohn, wurde mir natürlich auch das Nächste, der eigene Körper unsicher; ich wuchs lang in die Höhe, wusste damit aber nichts anzufangen, die Last war zu schwer, der Rücken wurde krumm, ich wagte mich kaum zu bewegen oder gar zu turnen, ich blieb schwach; staunte alles, worüber ich noch verfügte, als Wunder an."[113]

Eugen Löwenstein (1877–1961), der auch mit Kafka persönlich bekannt war, stellt in seiner Kritik der Erzählung Gregors „Vaterprobleme" als letztendlichen Grund für seine Verwandlung dar und analysiert das Vater-Sohn-Verhältnis psychologisch:

„Das Buch ist ganz Vaterproblem. Von den ins Unbewusste gefallenen Erlebnissen der Kindheit ist nämlich keine für den Jüngling und Mann bedeutungsvoller wie dessen Beziehung zum Vater ... Dem kleinen Knaben erscheint sein Vater als das stärkste und mächtigste aller Geschöpfe. Später bestehen dann ebenso zärtliche als auch feindliche Regungen gegen den Vater nebeneinander

---

[113] Kafka: *Brief an den Vater*, S. 43

fort und erzeugen so oft übermäßige Störungen des Trieblebens. Alles, was wir in Gregor Samsas Lebensgeschichte als Verhängnis ansehen, kann auf diese Linie, welche sich mit der Ablösung vom Vater befasst, zurückgeführt werden. Es ist die alte jammervolle Klage eines Sohnes, welcher mit seinen Eltern nicht fertig werden kann, eines Sohnes, der bitter an sich selbst und an seiner Familie leidet und bei dem sich nun alle diese Leiden zu einer Wanzenfantasie verdichten. Er geht an der Tragik des Gehorchens zugrunde, an der Überschätzung von Autoritäten, indem er die Gestalt des abgetanen Vaters ins Ungeheure erhöht, die Macht des Prokuristen überbewertet und vor den Beziehungen zu seiner Familie erschrickt. Man kann Gregor zu jenen Menschen zählen, welche die Kinderstube ewig mit sich herumtragen und die den befreienden Weg aus dieser Enge niemals finden können."[114]

Eugen Löwenstein hebt auch als Erster die in *Die Verwandlung* dargestellte doppelte Verwandlung, nämlich die Verwandlung Gregors und die Verwandlung seiner Familie, hervor:

„Das große Talent Kafkas bewahrt ihn aber davor, in dieser einen Idee einseitig aufzugehen: Es ist nämlich besonders interessant, den diametralen Gegensatz zwischen Sohn und Familie festzustellen. In der ‚Verwandlung' spielen eigentlich zwei Verwandlungen mit. Die erste ist die körperliche Verwandlung des parasitenartigen Reisenden. Die Seele dieser Menschenwanze bleibt aber bis zum Ende ihres Daseins ungemein nobel und findet im bewussten Opfer einen fast erhabenen Weg letzter Läuterung. Die zweite Verwandlung ist die seelische Verwandlung der Familie. Während diese am Anfang noch eine gewisse äußere Anständigkeit zeigt,

---

[114] Prager Tagblatt v. 9. April 1916

sinkt sie zum Schluss der Erzählung auf die gleiche Stufe herab wie die ordinäre Hausmeisterin. Und aus dem blühenden Leib der Schwester blinkt der hässliche, brutale Egoismus einer bösen Seele. Hier ist die gleißende Täuschung, dort die symbolisch nach außen projizierte schmerzliche innere Wandlung eines leidenden Menschen."[115]

---

[115] Prager Tagblatt v. 9. April 1916

6. PRÜFUNGSAUFGABEN MIT MUSTERLÖSUNGEN

Unter www.koenigserlaeuterungen.de/download finden Sie im Internet zwei weitere Aufgaben mit Musterlösungen.

Die Zahl der Sternchen bezeichnet das Anforderungsniveau der jeweiligen Aufgabe.

Aufgabe 1 **

> Der „Höhepunkt" des 2. Kapitels ist die Szene, in der Gregor von seinem Vater „gejagt" und verletzt wird (HL S. 33, Z. 13–S. 35, Z.. 25/R S. 41, Z. 31–S. 44, Z.. 7).
> a) Zeigen Sie von dieser Szene ausgehend die Entwicklung Gregors und seines Vaters auf.
> b) Arbeiten Sie die biografischen Spiegelungen von Kafkas Vater-Sohn-Verhältnis heraus.

Mögliche Lösung (stichwortartig):
zu a):
Gregor steigt nach seiner Verwandlung vom (scheinbaren) Familienoberhaupt und Ernährer, von dem die übrige Familie finanziell abhängig ist, zum lästigen, ausgestoßenen Außenseiter ab:

→ Er wird immer schwächer.
→ Alle wenden sich von ihm ab.
→ Seine bisherigen Verdienste werden nicht anerkannt.
→ Gregor ist beim Versuch, die dominante Vatergestalt zu entmachten, gescheitert.

→ Seine Stellung als Familienoberhaupt war primär Selbsttäuschung
→ Schließlich empfindet Gregor sich sogar selbst als minderwertig, nutzlos und überflüssig. (Vgl. *Verwandlung*, HL S. 47/R S. 59)

Der Vater hingegen steigt vom (scheinbar) erfolglosen schwachen Greis zum anerkannten autoritären Familienoberhaupt auf:

→ Symbol seiner Autorität: Dienst**uniform**
→ Vater zeigt jetzt Strenge, Macht und Ablehnung gegenüber Gregor. (Vgl. *Verwandlung*, HL S. 18f., 33ff./R S. 22, 42f.)
→ Die Familie erkennt ihn als Oberhaupt an.
→ Er behauptet sich auch außerhalb der Familie als Autorität. (Vgl. Hinauswerfen der Zimmerherren)

aber:
→ Gregor wurde auch schon vor der Verwandlung keine emotionale Wärme entgegengebracht.
→ Er wurde von seiner Familie (und seinem Arbeitgeber) primär „benutzt".
→ Vater war auch vor Gregors Verwandlung schon Familienmittelpunkt.

zu b):
→ Ähnlich wie Gregor empfand Kafka die (auch körperliche Dominanz) seines Vaters. (vgl. *Verwandlung*, HL S. 33f. /R S. 42, *Brief an den Vater*, R S. 122)
→ Wie der verwandelte Gregor fühlte sich Kafka dem Vater an (sexueller) Vitalität unterlegen. (*Verwandlung*, HL S. 35/R S. 44)
→ Als immer noch zu Hause wohnender erwachsener Sohn empfand Kafka sich als Parasit (Ungeziefer).

| 4 REZEPTIONS-GESCHICHTE | 5 MATERIALIEN | 6 PRÜFUNGS-AUFGABEN |

→ Wie Gregor fühlte sich Kafka zu ungeliebter beruflicher Tätigkeit gezwungen. (Übernahme der Asbestfabrik)

Aufgabe 2 **

> Lesen Sie die Textstelle HL S. 32, Z. 3–26/R S. 39, Z. 5–36.
> a) Geben Sie kurz den Inhalt mit eigenen Worten wieder.
> b) Ordnen Sie den Text in den Gesamtzusammenhang der Erzählung ein.
> c) Warum versucht Gregor, das Bild zu „verteidigen"?
> d) Wie ist Gregors Verhältnis zum weiblichen Geschlecht?

Mögliche Lösung (stichwortartig):
zu a):
Gregors Schwester und Mutter wollen die Möbel aus Gregors Zimmer räumen, um ihm mehr Platz zum Herumkriechen zu verschaffen. Gregor will das Bild der Dame mit Pelz vor dem Zugriff der beiden retten.

zu b):
→ Erste bewusste Begegnung Gretes und der Mutter mit dem verwandelten Gregor.
→ Gregor zieht sich erstmals die Ablehnung der **gesamten** Familie zu.
→ Gregors Verlassen seines Zimmers (aus Sorge um die Mutter) wird von Schwester und Vater als „Ausbruch" des „Haustieres" aus seinem „Stall" empfunden.
→ Mutter rettet Gregor vor dem Gewaltausbruch des Vaters.

zu c):
→ Mutter und Schwester dringen in Gregors Privatsphäre ein.
→ Indem sie seine Möbel entfernen, machen sie aus seiner menschlichen Behausung einen „Stall".
→ Gregor versucht, sein Menschsein vor ihnen zu retten.
→ Bild als Sinnbild für Gregors Liebe zur menschlichen Gesellschaft / zum weiblichen Geschlecht.
→ Grete reagiert evtl. so aggressiv, weil sie entgegen ihrer Überzeugung erkennen muss, dass Gregor ein Mensch ist.

zu d):
→ Gregors Verhältnis zu Frauen ist nur flüchtig. (Vgl. HL S. 38/R S. 47)
→ Es scheitert oft an seiner Trägheit und Schwerfälligkeit. (Vgl. HL S. 38/R S. 47)
→ Es ist eher schwärmerisch-unrealistisches, infantiles Verhalten (Bild der Frau im Pelz entspricht Starfoto)
→ (Über-)starke emotionale Bindung an die Schwester („Ersatzbefriedigung"?). (Vgl. HL S. 42, Z. 39–S. 43, Z. 21/R S. 53, Z. 29–S. 54, Z. 13)

Aufgabe 3 *

> Setzen Sie sich kritisch mit Grete Samsas Verhalten auseinander: Gregors Schwester ist die Erste, die sich nach seiner Verwandlung um ihn kümmert. Sie ist aber auch die Erste, die sich dafür einsetzt, ihn loszuwerden.
> a) Arbeiten Sie die Einstellung Gretes zu Gregor vor und nach seiner Verwandlung heraus.
> b) Erarbeiten Sie die Gründe für den krassen Wandel in Gretes Einstellung.

Mögliche Lösung (stichwortartig):
zu a):
Gretes Verhältnis zu Gregor vor der Verwandlung:
→ Sie sieht in ihm den großen Bruder, der sich um alles kümmert und ihr ein sorgloses Leben ermöglicht.
→ Sie sorgt sich (daher) um ihn und sein Wohlbefinden. (Vgl. HL S. 7, 11/R S. 8, 13)

nach der Verwandlung:
→ Sie kümmert sich als einziges Familienmitglied um ihn aber: Sie versorgt nur seine physischen Bedürfnisse, kein menschlicher Kontakt.
→ Sie behandelt ihn eher wie ein Haus**tier**.

zu b):
→ Gretes anfängliche Sorge um Gregor schwindet immer mehr.
→ Gregor wird ihr immer lästiger. (Vgl. HL S. 37/R S. 47f.)
→ Sie lässt ihn zunehmend verwahrlosen. (Vgl. HL S. 38/R S. 59)
→ Sein Anblick versetzt sie in Panik.(Vgl. HL S. 27f./R S. 32)

→ Beim ersten „zwischenmenschlichen" Kontakt mit ihm reagiert Grete aggressiv und abweisend. (Vgl. HL S. 32/R S. 40)
→ Sie will sich allein um Gregor kümmern, weniger aus (geschwisterlicher) Liebe, als um ihre eigene Position in der Familie zu stärken. (Vgl. HL S. 28/R S. 34f.)
→ Als Gregor ins Wohnzimmer kommt, während Grete den Zimmerherren vorspielt, erkennt Grete als Erste, dass Gregor damit sämtliche Grenzen der Scham überschritten hat und fällt das Urteil über ihn.
→ Sie spricht ihm jegliche menschliche Existenz ab. (Vgl. HL S. 44f./R S. 56f.)

Aufgabe 4 *

Hat sich Gregor wirklich in einen Käfer verwandelt oder ist diese Verwandlung nur eine Metapher? Arbeiten Sie heraus, was für eine wirkliche Verwandlung und was für eine Metapher spricht.

Mögliche Lösung (stichwortartig):
Gregor verwandelt sich wirklich in einen Käfer:
→ Er verliert sein Zeitgefühl. (Vgl. HL S. 39, 43/R S. 49, 54)
→ Er sieht immer schlechter (Schrumpfung des Raumgefühls). (Vgl. HL S. 26/R S. 33)
→ Er sieht die Funktionalität des Raumes aus der Sicht eines Tieres. (Vgl. HL S. 40/R S. 50)
→ Er verändert seine Essensvorlieben. (Vgl. HL S. 21f./R S. 27)
→ Er spricht mit einer „Tierstimme". (Vgl. HL S. 13/R S. 16)

Gregor bleibt Mensch:
- → Er reflektiert über sein Verhalten (Vgl. HL S. 42/R S. 53)
- → Er liebt die Musik. (Vgl. HL S. 42f./R S. 53)
- → Er sorgt sich um seine Familie. (Vgl. HL S. 47/R S. 59)
- → Er versteht die menschliche Sprache.
- → Er leidet unter seiner Unfähigkeit zu menschlicher Kommunikation. (Vgl. HL S. 27/R S. 33)
- → Er empfindet Scham und bedeckt sich mit einem Leinentuch, um seine Schwester mit seinem Anblick nicht zu erschrecken. (Vgl. HL S. 27f./R S. 34)

LITERATUR

Zitierte Ausgaben:
Kafka, Franz: *Die Verwandlung. Erzählung.* Husum/Nordsee: Hamburger Lesehefte Verlag, 2010 (Hamburger Leseheft Nr. 187, Heftbearbeitung: Gerd Eversberg, Textverweise sind mit **HL** gekennzeichnet).
Kafka, Franz: *Die Verwandlung.* Nachwort von Egon Schwarz. Stuttgart: Reclam, 2001 (Universal-Bibliothek Nr. 9900, Textverweise sind mit **R** gekennzeichnet).

Kafka, Franz: *Tagebücher 1910–1923.* Frankfurt am Main: Fischer, 1983 (Franz Kafka. *Gesammelte Werke*, herausgegeben von Max Brod, Taschenbuchausgabe in 7 Bänden).
Kafka, Franz: *Briefe an Felice und andere Korrespondenz aus der Verlobungszeit*, herausgegeben von Erich Heller und Jürgen Barn. Frankfurt am Main: Fischer, 1976.
Kafka, Franz: *Brief an den Vater. Faksimile*, herausgegeben und mit einem Nachwort versehen von Joachim Unseld. Frankfurt am Main: Fischer, 1994.

Lernhilfen, Kommentare, Arbeitsmaterial für Schüler:
Abraham, Ulf: *Franz Kafka: Die Verwandlung.* Frankfurt am Main: Moritz Diesterweg, 1998 (2. Aufl.) (Grundlagen und Gedanken, Erzählende Literatur) → Der Band gibt allgemeine Grundlagen zur Erzählung, ihrer Struktur und zu den unterschiedlichen Deutungsgedanken.
Beicken, Peter: *Franz Kafka: Die Verwandlung. Erläuterungen und Dokumente.* Stuttgart: Reclam, 2001 (Universal-Bibliothek Nr. 8155).

Brück, Martin: *Franz Kafka: Die Verwandlung, Das Urteil.* Freising: Stark, 1999 (Interpretationshilfe Deutsch) → Informative Einführung u. a. in Aufbau, Struktur, biografische Hintergründe und thematische Schwerpunkte der Erzählung.
Große, Wilhelm: *Franz Kafka: Die Verwandlung.* Stuttgart: Reclam, 2004 (Lektüreschlüssel für Schüler; Universal-Bibliothek Nr. 15342) → Informationen zur ersten „Erschließung" der Erzählung sowie über den Autor.
Rahner, Thomas: *Franz Kafka: Die Verwandlung.* München: Mentor, 1997 (Mentor Lektüre Durchblick, Band 325) → Dem Konzept der Reihe entsprechende knappe, aber z. T. sehr gute Einführung in die Erzählung, hervorgegangen aus einem Leistungskurs Deutsch.
Schafarschik, Walter: *Franz Kafka: Die Verwandlung.* Stuttgart: Reclam, 2004 (Lehrpraktische Analysen, Sekundarstufe II, 32. Folge) → Kurze Einführung in Erzählperspektive und Deutungsversuche, Tipps zur Unterrichtsarbeit.

Sekundärliteratur:
Anz, Thomas: *Franz Kafka.* München: C. H. Beck, [2]1992 (Beck'sche Reihe 615).
Beicken, Peter: *Franz Kafka, Der Process.* München: Oldenbourg, [2]1999 (Oldenbourg Interpretation, Band 70).
Fingerhut, Karl-Heinz: *Die Verwandlung.* In: Müller, Michael (Herausgeber): Franz Kafka. Romane und Erzählungen. Interpretationen. Stuttgart: Reclam, 1994, S. 42–74.
Flores, Angel: *A Kafka bibliography: 1908–1976.* New York: Gordian Press, 1976.

Gilman, Sander L.: *Die Ängste des jüdischen Körpers.* Aus Anlass der unwiderstehlichsten Kafka-Biografie, die es bis heute gibt: Reiner Stack lehrt uns, ein Genie neu zu lesen. In: Literaturen, 1/2, II, 2003, S. 12–18.
Gräff, Thomas: *Lektürehilfen. Franz Kafka, Der Proceß.* Stuttgart, Düsseldorf, Leipzig: Ernst Klett, [8]2001 (Klett LernTraining)
Hayman, Ronald: *Kafka. Sein Leben, seine Welt, sein Werk.* Bern, München: Scherz, 1983.
Kosik, Karel: *Das Jahrhundert der Grete Samsa. Von der Möglichkeit oder Unmöglichkeit des Tragischen in unserer Zeit.* In: Krolop, Kurt und Zimmermann, Hans-Dieter (Herausgeber): Kafka und Prag. Colloquium im Goethe-Institut Prag, 24.–27. Nov. 1992. Berlin, New York: Walter de Gruyter, 1994, S. 187–198.
Krischel, Volker: *Franz Kafka, Der Proceß.* Hollfeld: C. Bange, 2004 (Königs Erläuterungen und Materialien, Band 417).
Meurer, Reinhard: *Franz Kafka. Erzählungen.* München: Oldenbourg, [2]1988.
Müller, Michael: *Franz Kafka. Der Proceß. Erläuterungen und Dokumente.* Stuttgart: Reclam, 1993 (Universal-Bibliothek Nr. 8197).
Politzer, Heinz: *Franz Kafka. Der Künstler.* Frankfurt am Main: Suhrkamp, 1978.
Redaktion Kindlers Literatur Lexikon: *Amerika.* In: Kindlers Literatur Lexikon im dtv, Bd. 3. München: Deutscher Taschenbuch Verlag, 1974, S. 977f.
Sautermeister, Gerd: *Die Verwandlung.* In: Kindlers Literatur Lexikon im dtv, Bd. 22. München: Deutscher Taschenbuch Verlag, 1974, S. 9904f.
Schlingmann, Carsten: *Franz Kafka.* Stuttgart: Reclam, 1995 (Literaturwissen für Schüler, Universal-Bibliothek Nr. 15205).

Scholz, Ingeborg: *Franz Kafka, Erzählungen I.* Hollfeld: C. Bange, ⁶1999 (Königs Erläuterungen und Materialien, Band 279).
Sokel, Walter H.: *Franz Kafka. Tragik und Ironie. Zur Struktur seiner Kunst.* Frankfurt am Main: Fischer, 1976.
Wagenbach, Klaus: *Franz Kafka in Selbstzeugnissen und Bilddokumenten.* Reinbek: Rowohlt, 1988 (rowohlts monographien 91).
Zimmermann, Hans Dieter: *Franz Kafka: Der Process.* Frankfurt am Main: Moritz Diesterweg, 1995 (Grundlagen und Gedanken zum Verständnis erzählender Literatur).
Zimmermann, Hans Dieter: *Kafka für Fortgeschrittene.* München: C. H. Beck, 2004.

Rezensionen:
Anders, Günther: *Franz Kafka – Pro und Contra.* In: Neue Rundschau 58 (1947), H. 6, S. 119–157.
Benjamin, Walter: *Franz Kafka.* In: Benjamin, Walter: Gesammelte Schriften. Band 2.2. Frankfurt am Main: Suhrkamp, 1977, S. 409–438.
Brod, Max: *Unsere Literaten und die Gemeinschaft.* In: Der Jude (Berlin und Wien), Oktober 1916.
Edel, Edmund: *Franz Kafka: Die Verwandlung. Eine Auslegung.* In: Wirkendes Wort 8 (1957/58), S. 217–226.
Kaiser, Helmut: *Franz Kafkas Inferno. Eine psychologische Deutung seiner Strafphantasien.* In: Imago 17 (1931), S. 41–103.
Löwenstein, Eugen: *Franz Kafka: Die Verwandlung.* In: Prager Tagblatt, 9. April 1916.
Müller, Robert: *Franz Kafka: Die Verwandlung.* In: Neue Rundschau, Oktober 1916.
Richter, Helmut: *Franz Kafka. Werk und Entwurf.* Berlin: Rütten & Loening, 1962.

Sokel, Walter H.: *Kafka's ‚Metamorphosis'. Rebellion and Punishment.* In: Monatshefte 48 (1956), H. 4, S. 203–214.
Sokel, Walter H.: *Von Marx zum Mythos: Das Problem der Selbstentfremdung in Kafkas ‚Verwandlung'.* In: Monatshefte für deutschen Unterricht, deutsche Sprache und Literatur 73 (1981), H. 1, S. 6–20.
Walzel, Oskar: *Logik im Wunderbaren.* In: Berliner Tageblatt, 6. Juli 1916.

Sonstige Literatur:
Hess, Robert: *Die Geschichte der Juden.* Ravensburg: Ravensburger, 1988.
sbg: *... Nächstes Jahr in Jerusalem! Der Streit um den Zionismus.* In: Geschichte mit Pfiff 11 (1988), S. 36f.

Materialien im Internet:
http://gutenberg.spiegel.de
→ Kafkas Werke online
http://www.xlibris.de
→ Unter dem Autor Franz Kafka findet man hier kurze Inhaltsangaben und informative Einführungen zu seinen bekanntesten Werken.
http://www.franzkafka.de/franzkafka/home/
→ Informatives Online-Nachschlagewerk des S. Fischer Verlages

Verfilmungen:
Metamorphosis. (Die Verwandlung) 1975
    Regie: Jan Nemec
    Darsteller: Heinz Bennent, Zdenka Procházkova, Edwege Pierre u. a.
    Land: Tschechoslowakei

Förwandlingen. (Die Verwandlung) 1976
Regie: Ivo Dvorák
Darsteller: Peter Schildt, Ernst Günther, Inga-Lill Carlsson u. a.
Land: Schweden

The Metamorphosis of Mr. Samsa. (Die Verwandlung) 1977
Regie: Carolin Leaf
Darsteller: n. v.
Land: Kanada
(Animation, Kurzfilm)

Metamorphosis. (Die Verwandlung) 1987
Regie: Jim Goddard
Darsteller: Tim Roth, Steven Berkoff, Linda Marlowe u. a.
Land: Großbritannien
(TV-Film)

STICHWORTVERZEICHNIS

Angestellter, Angestellte 6, 15, 19f., 52, 62
Apfel 40f., 58, 61, 78
Autobiografische Spiegelung s. Spiegelung, (auto-)biografische
Autorität 43, 50, 52, 85, 88
Bauer, Felice 12f., 21, 24–26, 29–31, 81
Bild 24, 40, 55, 57f., 77, 89f.
Brief 6, 13, 21–26, 29, 31, 72f., 84, 88
Brod, Max 11f., 14, 17, 21, 24, 26f., 78, 80f.
Brutalität 58
Familienoberhaupt 49f., 60, 62, 87f.
Frauen 7, 40, 48, 52, 71, 90
Fürsorge, fürsorglich 7, 48
Geld 13, 38, 51, 75f.
grotesk 9, 26, 69, 76, 78f.
Habsburg 15–17
Haustier, (Haus-)Tier 55f., 74f., 92
Herzl, Theodor 6, 18f.
Innerer Monolog 8, 67f.
Isolation 54
Juden, Judentum 6, 9, 12, 15–19, 60, 73f., 80

Jura, Jurist 10f., 21f., 66
Käfer, -existenz, -gestalt 20, 33, 35f., 39, 44–46, 48, 50, 73, 75–77, 82, 92
Komik 78
Literarische Spiegelung s. Spiegelung, literarische
Metapher 9, 69, 73f., 92
Mutter 8, 30, 34–36, 38–41, 45, 47f., 50, 55, 58, 61–62, 72, 77f., 89f.
Nebenfiguren 62
Ohnmacht, ohnmächtig 8, 35, 40, 48, 55, 58, 61
Österreich, österreichisch 6, 15f., 65
Prag 6, 10–19, 60, 81
Prokurist 8, 34–36, 48f., 54, 57, 60, 62f., 67, 74, 85
Rivalität 56, 59, 81
Schwester 7, 10, 14, 34f., 36f., 38–50, 52–56, 61, 71, 77, 86, 89–92
Sexualität, sexuell 71, 74, 88
Sohn 23, 25f., 30, 33, 57–61, 70–72, 84f., 87f.
Spiegelung, (auto-)biografische 27, 69, 72, 87

Spiegelung, literarische 71, 73
Tier s. Haustier,
(Haus-)Tier
Ungeziefer 33, 42, 55, 59,
73f., 83, 88
Uniform 40f., 50, 52, 60, 88
Vater 8, 13f., 16, 18, 20–25,
30, 34–45, 48–51, 53,
55–61, 64, 70–72, 78, 81f.,
84f., 87–89

Verwandlung 6, 9, 12, 20–22,
26, 29–34, 41, 44–46,
48–55, 57, 60, 66f., 69, 72f.,
75–81, 83–85, 87f., 91f.
Wandel 55, 91
Zimmerherren 8, 42f., 48f.,
53, 60, 62–64, 67, 78, 88,
92

EIGENE NOTIZEN

EIGENE NOTIZEN

EIGENE NOTIZEN